LE MONASTÈRE

DES

FRÈRES NOIRS,

OU

L'ÉTENDARD DE LA MORT,

PUBLIÉ

Par le Bon DE LAMOTHE-LANGON.

J'embrasse mon rival, mais c'est pour l'étouffer!
RACINE.

SECONDE ÉDITION.

TOME TROISIEME.

PARIS.

CHEZ POLLET, LIBRAIRE,

RUE DU TEMPLE, N° 36, VIS-A-VIS LA RUE CHAPON.

—

1825.

LE MONASTÈRE
DES
FRÈRES NOIRS.

CATALOGUE

Des Romans publiés par l'Auteur du Monastère des Frères Noirs, qui se trouvent chez le même Libraire.

Clémence Isaure, 3 vol. in-12............ publié en 1808.
Gabriel, ou le Fanatisme, 4 vol. in-12... — 1809.
L'Ermite de la Tombe................... — 1814.
Tête de Mort, ou la Croix du Cimetière
    de Saint-Adrien, 4 vol. in-12......... — 1816.
Les Chevaliers du Temple, ou les Mystères
    de la Tour de Saint-Jean, 4 vol. in-12.. — 1819.
Maître Étienne, ou les Fermiers et les
    Châtelains, 4 vol. in-12.............. — 1819.
Jean de Procida, 4 vol. in-12........... — 1820.
La Vampire, ou la Vierge de Hongrie,
    4 vol. in-12.......................... — 1824.

IMPRIMERIE DE DAVID,
RUE DU FAUBOURG POISSONNIÈRE, N° 1.

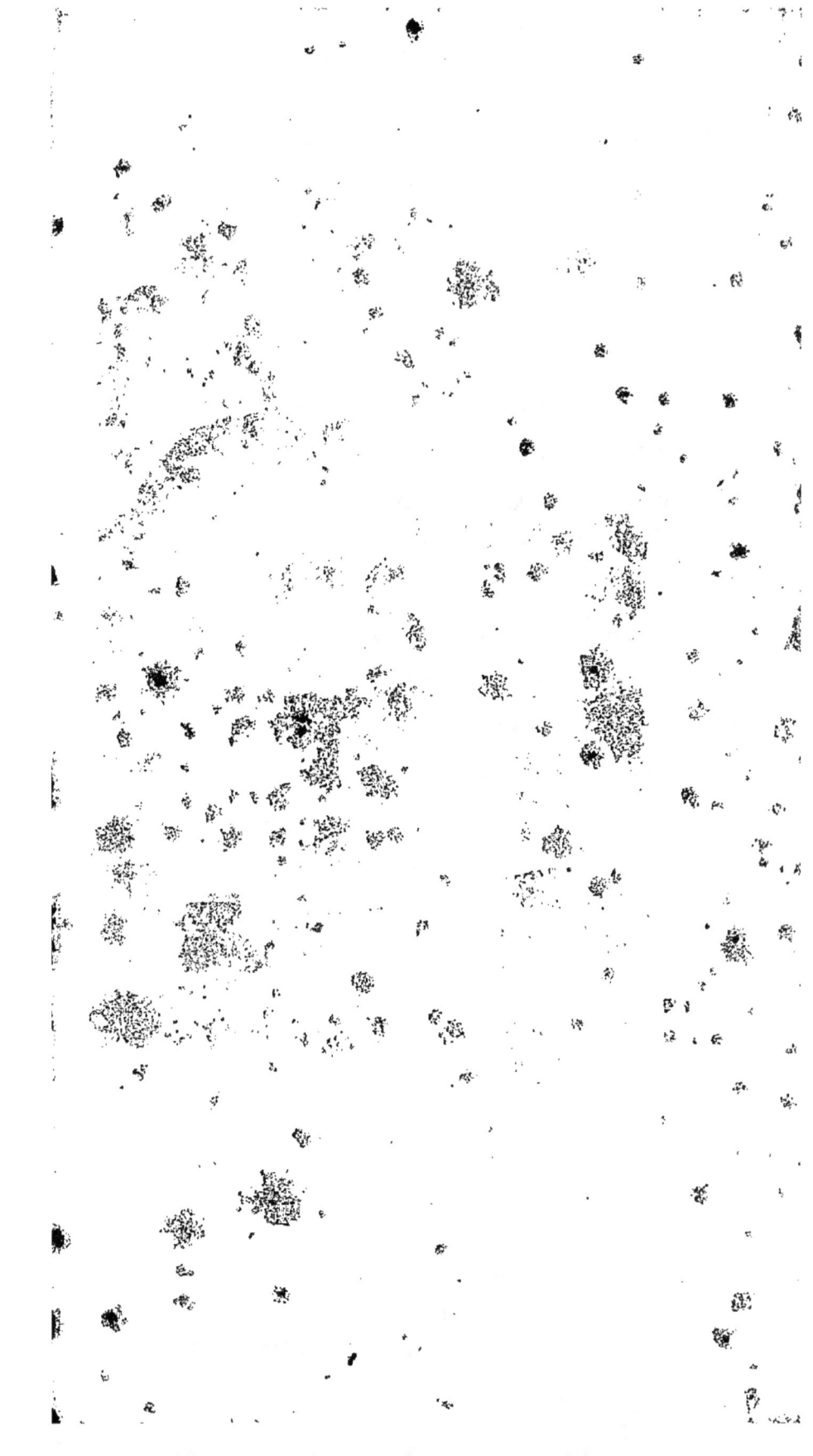

Tom. III.

Elle commença les apprêts de sa toilette nocturne.

LE MONASTÈRE
DES
FRÈRES NOIRS,
OU
L'ÉTENDARD DE LA MORT,

PUBLIÉ

PAR LE Bon DE LAMOTHE-LANGON.

J'embrasse mon rival, mais c'est pour l'étouffer!
RACINE.

SECONDE ÉDITION.

TOME TROISIÈME.

PARIS.
CHEZ POLLET, LIBRAIRE,
RUE DU TEMPLE, N° 36, VIS-A-VIS LA RUE CHAPON.

1825.

L'ÉTENDARD

DE LA MORT.

CHAPITRE XXIV.

Justement effrayé par les paroles sinistres qui, sans trêve, retentissaient à son oreille, le marquis Francavilla ne douta point que ses ennemis n'eussent trouvé le moyen de lui faire quelque dangereuse blessure, qu'il ne connaissait pas encore, mais dont, avant peu, il ne manquerait pas de ressentir les cruelles atteintes. Dès ce moment, le repos ne put s'approcher de lui, et les premières clartés de l'aurore le trouvèrent debout.

Parmi les sujets de terreur qui étaient

venus en foule assiéger son ame, le plus amer sans doute, fut la cruelle pensée qu'on avait voulu, en lui ravissant son amante, lui porter le plus rude coup; aussi dès que le jour eut paru, sans songer à attendre le cortége brillant de ses amis qui avaient l'habitude de l'accompagner, il partit en toute hâte pour Rosa-Marini, et un tremblement d'effroi agita tous ses membres lorsqu'il aperçut les hautes tours du château.

Mais ses craintes sinistres ne se vérifièrent pas; tout était profondément tranquille chez le duc Ferrandino; sa venue produisit quelque étonnement parmi des gens peu accoutumés à le voir d'aussi bonne heure. Il ne manqua point de prétexte pour excuser sa prompte venue, et, comme on doit le croire, Ambrosia ne songea guère à l'en gronder. Plus heureux, parce qu'il se trouvait auprès d'elle, il oublia insensiblement l'impression douloureuse produite par les paroles, qui, jusqu'alors avaient retenti à son oreille comme un tonnerre de mauvais augure.

Mais si on était dans la joie à Rosa-Marini, il n'en était pas de même dans Altanéro. Le marquis Mazini remplissait cette demeure du bruit de ses recherches et de sa mauvaise humeur, qui avait commencé à l'annonce qu'on vint lui faire du départ matinal de Lorédan à l'heure où il faisait sa toilette, dans la pensée de partir avec lui.

Le marquis Mazini, comme on a pu s'en apercevoir, était très-délicat sur le chapitre des convenances et de l'étiquette; il ne comprenait rien à ces résolutions promptes, à ces mouvemens impétueux par lesquels se signale parfois la jeunesse; il croyait que tout devait être réglé, qu'il fallait se réjouir en mesure et s'appliquer en cérémonie : aussi se montra-t-il vivement piqué de ce que son neveu Francavilla était parti sans l'attendre.

Il crut pouvoir lui faire bien sentir ce

manque d'égard en ne se mettant pas en route après lui, et il contremanda avec dignité les préparatifs de son voyage. Mais un plus grand chagrin se préparait pour lui.

L'heure a laquelle Grimani était dans l'usage de venir lui rendre ses devoirs accoutumés était passée, et il ne paraissait pas: Mazini crut satisfaire tout à la fois sa tendresse pour Amédéo, et son profond respect pour les usages, en envoyant un écuyer s'enquérir si ce jeune homme avait suivi son cousin. On vint lui répondre négativement, et alors sa mauvaise humeur redoubla; elle fut poussée bien plus loin encore, lorsque le repas du matin n'amena pas Amédéo dans la salle à manger. Pour le coup, en sortant de table, il courut vers l'appartement de son neveu, afin d'interroger lui-même ses gens et d'apprendre d'eux la cause de cette absence, qui lui paraissait si extraordinaire.

Quel ne fut point l'étonnement de Mazini, lorsque le premier écuyer d'Amédéo lui annonça que, selon toute apparence, son maître devait être parti dans la soirée précédente du château, car on n'avait pas trouvé son lit défait; et qu'en même temps cet officier lui remit une lettre, laissée par Grimani à l'adresse du marquis, son oncle, comme également il s'en trouvait une pour Lorédan Francavilla.

Mazini prenant la sienne, la lut avec empressement, il n'en tira pas de grandes lumières. Amédéo se contentait de lui faire savoir qu'un motif de la plus haute importance le contraignait à partir d'Altanéro; qu'il ne pouvait fixer l'époque où il reviendrait près de son oncle; mais il ne croyait pas que son retour pût avoir lieu avant une couple de mois. Il suppliait Mazini de lui pardonner, s'il était parti sans prendre ses ordres, mais que l'affaire qui lui commandait impérieusement, ne lui avait pas permis de donner à un parent, qui lui était bien cher, cette marque de son respect.

Malgré la colère du marquis, il se trouva un peu adouci par les formes respectueuses de l'épître. Un *postscriptum* lui prouva que son neveu n'assisterait point aux noces de Lorédan, et dès-lors il perdit l'espérance de son prompt retour. Cependant, croyant devoir, dans cette circonstance, déguiser une partie de son inquiétude au sujet d'un voyage auquel il ne manquait pas d'assigner quelque étourderie pour cause première, il dit à haute voix que le baron Grimani s'était éloigné pour mettre à fin une affaire majeure, et que maintenant il n'avait plus d'inquiétude sur son compte.

On avait remis en même-temps à Mazini la lettre d'Amédéo pour son cousin, et nonobstant son vif désir d'acquérir de plus précises lumières sur le voyage de son neveu, il avait trop le sentiment de ce qu'il se devait à lui-même, pour porter un œil téméraire et indiscret sur un écrit qui ne lui était pas adressé ; croyant néanmoins que le jeune homme aurait plus de confiance en Lorédan, et que ce dernier serait mieux instruit qu'il ne l'avait été lui-même.

Mais s'il respecta le cachet, il n'en garda pas moins la lettre dans sa poche, pour la donner à Lorédan sans intermédiaire, et ce fut sa première action lorsque Francavilla revint de Rosa-Marini. Le marquis Mazini le prenant à part lui confia ce qu'il appelait l'escapade de son neveu, commença par lui faire lire la lettre adressée à lui Mazini, et puis remit à Lorédan celle qui était pour lui.

La lecture qu'en fit Lorédan le plongea dans une profonde surprise ; il la recommença une seconde fois, et son étonnement ne parut pas diminuer. Mazini, debout devant lui, ne perdait pas un de ses mouvemens, il en parut alarmé, et prenant la parole, il demanda à Francavilla si Grimani lui annonçait quelque mauvaise nouvelle.

« Oui sans doute, répondit le marquis, la nouvelle que je reçois est bien funeste, dès qu'elle me donne l'assurance que j'ai perdu un ami. Séduit par une apparence dangereuse, mon cousin s'éloigne de moi, en m'appelant perfide ; ainsi on a pu m'enlever son cœur ; et voilà l'explication fatale de l'événement de la nuit dernière. » En prononçant ces mots, Lorédan se laissa tomber sur un siège, comme accablé par son extrême douleur ; il présenta la lettre à Mazini, qui était justement impatient de la parcourir ; elle était conçue en ces termes :

« Je croyais, marquis Lordan, que
» toutes les âmes dissimulées pouvaient
» habiter le monastère de Santo Génaro ; je n'eusse jamais cru que, pendant le peu de temps que vous avez
» passé dans le monastère, vous eussiez

» pu vous former à l'indigne école des
» Frères Noirs. Malheureusement je
» viens d'acquérir la preuve de votre
» perfidie. On m'a éclairé sur vos secrets
» complots ; j'ai vu que vous ne rougis-
» siez pas de causer les tourmens de
» mon cœur. Quoi ! à l'instant de vous
» unir à la parfaite Ambrosia, vous
» brûliez d'une flamme coupable, et
» votre indigne ardeur s'attachait à
» déshonorer la femme que votre ami
» vous avait dit aimer ; mais le ciel a
» pris leur double défense, et vos espé-
» rances sont renversées, je vous enlève
» cette belle infortunée. Adieu, je pars
» avec Elphyre, et vous ne me verrez
» que prêt à tirer vengeance de votre
» conduite, que par un reste d'affection
» je ne veux pas qualifier.

AMÉDÉO GRIMANI.

Mazini eut peine à achever la lecture de cette lettre, tant il était ému. « Au nom de Dieu, dit-il à Lorédan, expliquez-moi ce que cet insensé veut dire; quelle faute avez-vous commise à son égard? et qu'est cette Elphyre dont il vous parle? »

— « Je serais dans un véritable embarras s'il fallait absolument vous satisfaire, signor; car je ne sais même pas où porter mes idées pour éclairer ce mystère; je puis seulement vous jurer, par tout ce que l'honneur et la religion ont de plus sacré, que j'ignore les motifs qui ont pu diriger la conduite de Grimani. Mais, ce que je devine à merveille, c'est que mes ennemis, nullement arrêtés par l'absence de Ferdinand Valvano, sont parvenus à séduire mon cousin, à troubler son imagination, à lui faire soupçonner la franchise de ma tendre amitié. »

— » Quoi, dit Mazini? vous n'avez aucune idée de cette Elphyre dont il vous parle! cependant, d'après sa lettre, il vous aurait confié le secret de son amour pour cette beauté.

— « Je ne disconviens pas, répliqua Lorédan, que plusieurs fois il ne m'ait parlé de cette jeune fille, qui vint chanter une romance sous mes croisées ; vous la vîtes comme moi ; et Amédéo, qui, à l'avance, avait pu l'admirer dans la campagne, en devint passionnément amoureux ; ce fut pour la retouver principalement que nous fûmes d'abord dans la forêt, et qu'ensuite il m'entraîna jusqu'au monastère des Frères-Noirs : voilà toute ma science sur ce point. Je n'ai jamais depuis revu cette jeune personne ; j'ignorais le lieu où on la retenait ; j'ignorais son nom, et voilà pourtant Grimani qui m'accuse de l'avoir détenue, de l'avoir offensée ; et il me paraît, par la lettre de mon cousin, qu'elle ne devait pas être loin de ce château. Cela s'éclaircira peut-être, puisque Grimani parle de me revoir. »

— « Je me flatte, répondit Mazini, alarmé au souvenir de la dernière phrase de la lettre d'Amédéo, que vous n'oublierez point à quel sang mon neveu doit la vie ; vous aurez pitié de son erreur, et votre explication ne sera pas funeste à l'un ou à l'autre.

— » Soyez sans crainte sur ce point, repartit Lorédan, mon glaive ne se croisera jamais avec celui d'Amédéo; j'en ai bien assez d'avoir à combattre mes actifs ennemis, sans encore vouloir y joindre ceux pour lesquels mon cœur ressent une tendresse sans pareille. Ce dernier événement néanmoins m'engagera, immédiatement après mon mariage, à partir pour Palerme, afin d'aller moi-même surveiller les progrès de la maladie de Ferdinand Valvano ; je ne veux pas, tout en lui conservant mon amitié, malgré ses injustices, qu'il puisse, en recouvrant la santé, ranimer encore la haine et l'astuce de ses agens; car, mon oncle, tout ceci, n'en doutez pas, provient encore des machinations des Frères Noirs.

— » Eh! de qui d'autres pourraient-ils venir, nos malheurs? s'écria Mazini; ah! seuls ils sont capables de toutes ces infamies; leur pouvoir diabolique est immense; il paraît que l'enfer n'a rien à leur refuser. »

Ici la conversation de ces deux seigneurs fut interrompue par la venue du sénéchal Orsoni. Mazini, en le voyant, se retira; et, dès qu'il fut sorti de la salle, l'officier de Lorédan lui dit : « Je viens, signor, avec un extrême désespoir vous annoncer la disparition de la dame que vous aviez confiée à ma garde et à celle de la signora Orsani. »

Cette dernière nouvelle parut à Lorédan le dernier coup dont on pût le frapper en ce moment; il reprocha avec aigreur au sénéchal sa négligence, en lui disant ensuite : « Vous me répondrez de cette évasion ; elle n'a pu avoir lieu sans votre consentement, et vous êtes sans doute coupable et d'intelligence avec ses ennemis. »

A ces mots, prononcés avec l'accent de la colère et du mépris, le Sénéchal se recule de deux pas, et, posant la main sur la garde de son épée :—« Signor marquis, dit-il, si je n'étais pas à votre solde, je vous demanderais raison de l'insulte que vous faites à un digne chevalier ; loin de moi tout soupçon de trahison ; j'espérais, par soixante ans d'une conduite irréprochable, être au-dessus de toute attaque, et la vôtre vient de me percer le cœur. Il ne me reste plus qu'à quitter votre service, puisque je n'ai plus votre confiance ; et je vous demande sur-le-champ mon congé. »

Ce noble vieillard mit dans ce discours une telle chaleur, un si parfait accent de vérité, que Lorédan, humilié, comprit qu'en cédant aux premiers mouvemens de son émotion, il avait été trop loin ; mais son âme généreuse ne s'opiniâtrait pas à aggraver une faute plutôt que de la réparer ; il s'avança vers le sénéchal :—« Chevalier Orsani, lui dit-il, votre colère est juste ; j'ai eu tort, j'en conviens, et, pour le reconnaître, il ne me reste qu'à vous demander mon pardon; je le fais; vous en faut-il davantage? je suis prêt à vous tout accorder. »

En disant ces mots, il présente la main au vieux guerrier qui, vaincu par cette réponse loyale, lui réplique : « J'ai pu moi-même, signor, mettre trop de chaleur dans ma réponse; j'aurais dû respecter votre douleur qui n'était pas maîtresse d'elle-même; à mon tour, veuillez m'excuser, et que tout soit fini entre nous deux. »

Lorédan, pour toute réplique, l'embrassa, et puis lui dit : Ah! chevalier, que vous m'eussiez à l'avance pardonné sans peine si la cause de mon trouble vous était connue; je suis poursuivi, vous le savez, par des êtres pleins de malice, et acharnés à me nuire; ils me blessent coup sur coup; et à l'instant où vous veniez m'annoncer la disparition de cette dame à laquelle je tenais, car elle m'était recommandée par le meilleur de mes amis, je recevais aussi la triste nouvelle d'un événement de ce genre, peut-être encore plus fâcheux pour moi. Mais n'avez-vous pu avoir aucun indice des moyens employés par les ravisseurs de Palmina pour l'arracher à ma protection ? comment se sont-ils introduits dans un appartement où l'on ne pouvait pénétrer qu'en traversant le vôtre ? ont-ils employé la ruse, et leur adresse vous a-t-elle surpris ?

— » Vous êtes dans l'erreur, signor, ou je me suis mal expliqué, puisque vous paraissez croire que la dame Palmina nous a été ravie; non, signor, la chose ne s'est point passée ainsi; elle est partie volontairement, du moins s'il faut en croire une lettre laissée par elle, pour ma femme, dans laquelle elle la remercie de ses soins, et celle qui est pour vous viendra sans doute achever de nous convaincre que la force n'est en aucune manière entrée pour quelque chose en tout ceci. »

En disant ces mots, le sénéchal pré-

sente un papier roulé à Lorédan, qui, s'empressant de le prendre, y trouve ces mots écrits : « Vous le voulez, signor
» marquis, et je consens à chercher une
» autre retraite; il serait en effet pos-
» sible que les ennemis de mon époux
» se doutassent que j'habitais dans ces
» murailles ; d'ailleurs puis-je résister
» au plaisir de me réunir à ma chère
» Elphyre? elle seule peut, par sa ten-
» dre amitié, adoucir les maux que je
» souffre, et j'aurais eu plus de peine
» à quitter ce château, si je n'avais pas
» eu l'assurance de me retrouver dans
» ses bras. »

Cette lettre, comme on peut le croire, ne fit qu'ajouter à toutes les inquiétudes de Lorédan; elle contenait des obscurités qu'il ne pouvait éclaircir; elle était pour lui encore le sujet de pénibles tourmens; il voyait autour de lui des filets tendus adroitement par la malice, et qui tombaient sur lui sans qu'il pût les apercevoir; il sentait qu'une force supérieure agissait, et que vainement chercherait-il à la combattre, puisqu'il ne savait sur quel point il pourrait l'attaquer; toute son espérance dans ce moment reposait sur l'archevêque de Palerme et sur l'assignation donnée aux Frères-Noirs, de se présenter au bout du mois devant le tribunal de la monarchie; là, il se flattait de confondre ses ennemis en les contraignant à se découvrir.

Mais jusqu'à ce temps, le marquis vit bien qu'il lui fallait redoubler de vigilance pour ne pas se laisser surprendre; et plus l'instant de son mariage approchait, plus il devait redouter les embûches de ses inexplicables ennemis. Il forma également le projet de ne point apprendre au marquis Mazini la disparition de Palmina, afin de ne pas augmenter les craintes de ce vieux seigneur; et il engagea le sénéchal à se taire sur ce point, ce qu'Orsoni n'eut pas de peine à comprendre,

Il paraissait, d'après la lettre de Palmina, qu'elle était partie avec cette Elphyre dont parlait Amédéo; et celui-ci par conséquent devait se trouver avec elle. Ainsi les motifs de son éloignement seraient connus le jour où Grimani reviendrait vers Lorédan, comme il le lui avait annoncé.

CHAPITRE XXV.

Le jour suivant était un lundi, et le lendemain devait se faire la cérémonie du mariage de Lorédan. On doit croire qu'il ne fut pas sans occupation; et malgré son extrême envie de courir à Rosa-Marini, il ne put le faire. A chaque heure arrivaient les hauts barons, ses parens ou ses amis; les dames qu'ils amenaient avec eux exigeaient impérieusement la présence de Francavilla à Altanéro, pour qu'il leur en fît les honneurs; aussi, pour la première fois il se vit contraint à ne pas donner à son Ambrosia la preuve accoutumée de sa tendresse.

Une foule d'ouvriers en tous genres remplissaient le château; on dressoit à l'entrée, des arcs de triomphe en feuillage, où resplendissaient réunies les armes des Francavilla et des Ferrandino. Partout, d'élégantes draperies se mariaient à des guirlandes de fleurs; dans l'intérieur, on tendait les tapisseries les plus riches, mêlées aux plus superbes étoffes. On suspendait aux voûtes des cordons de lumière, des candélabres garnis de bougies. On plaçait çà et là des vases d'orangers, de grenadiers, de plantes précieuses, qui se mêlaient au porphyre, au bronze, au marbre, aux superbes statues, aux miroirs de Venise, dans lesquels venaient se réfléchir la multitude animée qui parcourait les appartemens du château.

Tous les domestiques, les pages, les musiciens, habillés de livrées neuves et somptueuses; les vassaux, parés de leurs plus beaux habits de fête, se pressaient de tous côtés, soit pour admirer soit pour servir. Oh! combien en ce moment la position de Francavilla était enviée; et qui eût dit qu'alors sa magnificence, sa générosité, répandaient partout la joie, appelaient les plaisirs; son cœur était mélancolique, et ne partageait pas l'allégresse qui respirait sur sa figure.

Oui, Lorédan s'étonnait lui-même de trouver aussi peu de charme en un jour qui devait combler tous ses vœux; malgré lui, il redoutait qu'un événement sinistre ne vînt empoisonner la commune félicité; et quand il voyait autour de lui des groupes riants, des danses animées, il s'en voulait de ne point partager leur sécurité.

Mais si du moins telles étaient ses secrètes pensées, il n'eut garde de les faire connaître; il renferma soigneusement dans son âme les sombres pressentimens qui venaient le tourmenter.

Ce fut dans ces tristes pensées que se passa la journée du lundi, pour lui; mais à l'aurore du mardi, l'Amour, fâché d'être vaincu, chercha à prendre sa revanche; il entra dans le cœur de Lorédan, et lui présentant le tableau de son prochain bonheur, l'enivra si bien de cette douce idée, que toutes les autres furent oubliées.

Le marquis, en se levant, s'empressa de revêtir la riche parure qu'il devait porter à l'instant de la cérémonie : elle se composait d'un pourpoint en étoffe d'or, brodé sur toutes les tailles, d'une broderie à ramage cramoisi et à argentures avec basques et cravattes de satin bleu de roi; le nœud d'épaule, en gros de naple bleu, était pareillement brodé, et attachait des bandes de velours cramoisi garnies de réseaux et de glands d'or. Les pantalons, en soie bleue, étaient crevassés en velours rouge, ornés de bouffettes bleues et or dans le bas. Le manteau court, en velours cramoisi, doublé de soie bleue, était à moitié chargé par les riches broderies en perles et pierres précieuses dont on l'avait garni, et par une dentelle or et argent. Son épée, à poignée d'or massif, était placée dans un fourreau de velours bleu et parsemé de diamants. Ses brodequins étaient noirs, garnis des éperons de chevalier. Sur sa tête était une toque de velours noir, à laquelle une superbe étoile de diamants attachait trois plumes blanches. Enfin, une chaîne étincelante de pierreries suspendait sur sa poitrine le portrait d'Ambroisia, dont le duc Ferrandino lui avait fait cadeau la veille.

Ses gens étaient vêtus également avec tout le luxe qui brillait sur leur maître; jamais on n'avait vu tant de magnificence et de bon goût. Vers les huit heures du matin, le son des cloches et les chants des ecclésiastiques annoncèrent la venue de l'archevêque de Palerme, qui arrivait de Rosa-Marini avant l'aimable fiancée. Lorédan, à la tête de ses parens, des barons ses amis, courut recevoir le respectable personnage, et le suivit dans la chapelle, où il se rendit sur-le-champ.

Un courrier arrivant, tenant en sa main une branche de roses, apprit presque tout-à-la-fois que le duc de Ferrandino, conduisant sa fille, mettait le pied dans Altanéro. Soudain mille cris de joie, les fanfares d'une musique harmonieuse, le bruit des armes, que les soldats choquèrent ensemble, saluèrent celle qui allait avant peu être la souveraine de cette belle demeure. Lorédan, placé à son prie-Dieu, tourna la tête pour voir venir son amie; elle était précédée de toute la maison de son père, de ses femmes, de ses pages, de ses écuyers, de plusieurs de ses proches; car, en cette circonstance, le duc, instruit des somptueux préparatifs de Francavilla, n'avait pas voulu demeurer inférieur à tant de pompe; son orgueil avait joui, à la pensée qu'il pouvait lutter d'éclat.

Une robe de drap d'argent garnie avec une guirlande d'oranger, un collier de perles, un diadême de diamans placé sur les noirs cheveux d'Ambrosia, composaient toute sa parure; elle ne devait déployer la splendeur de ses vêtemens que dans les fêtes qui suivraient cette heureuse journée. Mais si les yeux de la jeune duchesse exprimaient son modeste contentement, la pâleur de ses joues, son sein fortement oppressé, annonçaient l'agitation de son âme; un regard inquiet de Lorédan crut même apercevoir dans la contraction momentanée de ses traits, une douleur physique qu'Ambrosia cherchait à surmonter.

Conduite par son père, elle vint se placer auprès du marquis :« Vous êtes donc à moi, lui dit-il d'une voix basse? Oh! mon amie, quel fortuné moment! » Un sourire d'Ambrosia fut toute sa réponse, et la cérémonie commença.

La chapelle d'Altanéro, bâtie par la piété des anciens princes Montaltière, était d'une vaste étendue et décorée de tout ce qui pouvait en augmenter la majesté. Deux rangs de colonnes la divisaient en trois nefs; et dans la partie supérieure, une galerie circulaire paraissait supporter la voûte de l'édifice. Il était en ce moment garni d'une multitude considérable de curieux ou d'invités de tout sexe et de tout rang; on se pressait autour du couple aimable, et chacun leur souhaitait mille prospérités.

L'archevêque de Palerme, environné de son cortége, revêtu de ses habits pontificaux, s'avança pour prononcer les paroles sacramentelles; en ce moment une voix lugubre, paraissant partir d'une des tribunes de l'édifice, s'écria : *A toi marquis Francavilla! à toi!* et aussitôt, de la voûte de l'église se détache un étendard rouge parsemé de têtes de morts qui, se balançant dans sa descente, vint précisément tomber sur la jeune Ambrosia, et elle en fut comme ensevelie. Lorédan, stupéfait, regardait immobile le fatal drapeau. Hélas, il ne le connaissait que trop.

Un cri général d'épouvante s'éleva à-la-fois de toutes les parties de la chapelle; Ambrosia seule n'y répondit pas; elle était complètement évanouie. Cependant le marquis, honteux de son inaction, reprend ses forces, s'élance vers son épouse, arrache le voile odieux qui la couvrait, en même temps que ses femmes s'avançaient, et que déjà les assistans se pressaient tumultueusement auprès d'elle.

Mais Ambrosia ne reprenait pas encore ses sens; on fut contraint de l'emporter hors de l'édifice, suivie de son père, de son amant, qui, tous deux la mort dans le cœur, pouvaient à peine commander à leur douleur inexprimable. Les soins qu'on lui prodigua la rendirent enfin à la vie. Ce ne fut pas pour retrouver le bonheur; car elle se plaignit de douleurs aiguës dans la poitrine; ses convulsions, sa pâleur, ses gémissemens, tout annonça qu'Ambrosia était empoisonnée !...

Il fallut dès cet instant veiller sur Lorédan; il avait perdu toute espérance, certain de l'étendue de la noire malice de ses ennemis ; et c'était le trépas qu'il voulait, si son amante lui était ravie ; à genoux devant elle, poussant des cris inarticulés, versant des torrens de larmes, il était aussi à plaindre qu'Ambrosia.

Dans ce désordre universel, au milieu de ce déplorable crime, changeant en deuil la joie d'une si belle journée, le marquis Mazini malgré son trouble, fut le seul qui conserva quelque sang-froid. Son premier soin se porta à donner l'ordre au sénéchal de faire promptement fermer les portes du château, et en même temps il lui enjoignit d'aller visiter les galeries de la chapelle et les voûtes de cet édifice, espérant qu'on pourrait découvrir celui qui avait lancé le funeste étendard.

Cependant les souffrances d'Ambrosia augmentaient; on demanda de la transporter dans une demeure où il fût plus facile de la soigner; plusieurs habiles docteurs étaient déjà accourus; le marquis Mazini ne voulant point (afin de ne pas augmenter le désespoir de la famille) qu'elle fût menée dans la chambre nuptiale, désigna l'ancien appartement des princes Montaltière, celui que naguères Amédéo avait traversé; et Ambrosia reposa bientôt dans les salles autrefois tant silencieuses.

Il ne pouvait plus être question de continuer la cérémonie. L'archevêque de Palerme, qui était venu pour consacrer l'union de la jeune duchesse, craignait d'être obligé de la préparer à la mort. Ce digne vieillard, serrant Lorédan dans ses bras, le conjurait de se calmer, d'espérer en la Providence; il priait, il pleurait avec lui, et partageait vivement un désespoir qui lui semblait naturel.

Dans le temps que ces choses se passaient dans l'enceinte du château, une troupe de gens armés se présentait au-delà du pont-levis; une bannière royale flottait au milieu d'eux. Un héraut, revêtu des couleurs du roi Fréderic, demandait à être introduit de la part du souverain, chargé par lui de remettre au marquis Francavilla un message de la plus haute importance.

Le sénéchal, étonné de ce nouvel incident, et portant au plus haut point la défiance, crut devoir, avant de répondre, consulter le marquis Mazini. Celui-ci vint en personne reconnaître les arrivans, et ses questions lui ayant acquis la preuve qu'ils étaient réellement envoyés par le roi, il permit qu'on les laissât pénétrer dans la forteresse; mais il se passa du temps avant qu'il fût possible de conduire le héraut à Francavilla; ce dernier était tout à son amante, il ne la quittait pas d'un instant, et en vain on eût cherché à détourner son attention.

Des remèdes puissans, administrés avec prudence, calmèrent néanmoins un peu les douleurs de la jeune duchesse ; les docteurs, observant avec soin la crise qui se préparait, purent enfin annoncer que le poison, s'il était vrai qu'il existât, avait été neutralisé ; que la malade n'avait besoin que de repos ; et ils prétendirent qu'ils pouvaient répondre de sa vie.

En écoutant ces délicieuses paroles, Lorédan crut voir le ciel s'ouvrir ; il ne parla pas de sa reconnaissance, mais la prouva aux docteurs ; et eux, de nouveau, cherchèrent à le tranquilliser, en lui répétant les assurances que déjà ils avaient données. On se tait sur la joie que durent éprouver le duc Ferrandino et les autres parens ; les cœurs sensibles sauront l'apprécier sans peine.

Francavilla consentit seulement alors à quitter la chambre d'Ambrosia pour passer dans son appartement ; ce fut là que le marquis son oncle, le voyant moins agité, lui apprit que le roi de Sicile, son glorieux souverain, lui dépêchait un héraut et deux officiers chargés de lui apporter ses ordres. Lorédan, plein de respect pour Frédéric Ier, commanda que ses messagers fussent introduits et il se leva pour les recevoir convenablement.

La lettre du roi, sans entrer dans aucun détail, enjoignait au marquis Francavilla de se rendre sur-le-champ auprès de sa personne à Messine; elle lui observait que rien au monde ne pouvait faire que cet ordre fût éludé ou retardé, le rendant responsable de tout le préjudice que le plus léger obstacle pourrait apporter aux affaires dont Frédéric Ier, avait à l'entretenir.

Une pareille invitation ne pouvait venir dans un moment plus désagréable. Si Lorédan eût été seul, il n'y a pas de doute que malgré tout son attachement pour son souverain, il ne se fût refusé à lui obéir; mais il était environné de toute sa famille. Le duc Ferrandino, charmé d'ailleurs de donner à sa fille le temps de se remettre avant de songer à recommencer les cérémonies du mariage, fut le premier à presser Lorédan de courir où son devoir l'appelait. Mazini, ses autres proches parens se joignirent au duc ; tous lui tinrent le même langage ; enfin, l'archevêque de Palerme acheva de le décider, en lui faisant entrevoir que peut-être on craignait à la cour une attaque du roi de Naples, que par conséquent l'intérêt de la patrie devait l'emporter sur un attachement particulier.

Francavilla aurait lutté encore, mais il n'osa pas ; il demanda cependant qu'on lui permît de retarder son départ jusqu'au lendemain matin, aucune puissance au monde ne pouvant l'arracher d'auprès de son amante avant qu'il eût eu la certitude que les espérances données de son rétablissement ne seraient point vaines. Les officiers du roi furent invités à se reposer, et le calme se rétablit dans Altanéro.

Une foule continuait à remplir le château ; mais elle ne faisait plus entendre les accens de l'allégresse ; elle se glissait silencieusement dans les galeries, sous les portiques et sur les escaliers. Les illuminations brillantes contrastaient avec le deuil général, et la salle du festin, où des chœurs de musique devaient se faire entendre, ne présentait qu'une réunion de personnages muets ; on évitait de se parler, et l'on eût dit que tous étaient couverts du sanglant étendard de la mort.

Le pronostic des docteurs se vérifia ; la jeune duchesse, dans la soirée, se trouva mieux, ses forces revinrent, et l'on acquit alors la certitude qu'on s'était trompé au sujet de son empoisonnement. Le crime n'avait pas été commis ; la frayeur et une disposition naturelle à la souffrance dans cette journée, avaient causé sa maladie. Elle passa une nuit assez bonne, mais une partie de ses douleurs revinrent lorsque son père la prévint que Lorédan allait s'éloigner ; elle chercha à dissimuler la peine que lui causait ce subit départ; et instruite par le duc des motifs importans qu'on présumait devoir y donner lieu, elle eut assez de fermeté pour engager elle-même le marquis à donner au roi cette preuve de son zèle pour son service, comme de son attachement.

Francavilla, frémissant d'amour et de colère, écoutait dans un sombre désespoir ce que lui disait Ambrosia; il ne pouvait s'arrêter à la pensée que, sans ses ennemis, il serait maintenant l'époux heureux de son amante, tandis que le jour de son hymen ne pouvait plus se fixer. Il eût voulu, nonobstant les souffrances de la jeune duchesse, s'unir avec elle au pied du lit où elle reposait; mais, n'osant pas en faire la proposition, il lui fallut partir avec l'espérance incertaine de serrer un jour ces doux nœuds.

Le duc Ferrandino lui donna les témoignages les plus positifs de son attachement; il lui promit de faire partir chaque jour un courrier qui irait à Messine lui porter le bulletin de la santé d'Ambrosia; il fit même plus encore, il s'engagea à faire prolonger la convalescence de sa fille de manière à ce qu'elle se trouvât encore à Altanéro lors du retour de Lorédan. Celui-ci, quelque peu rassuré par tant de démonstrations d'amitié, se décida enfin à se mettre en route.

Mazini, auquel il laissa tout pouvoir durant son absence, le pria de ne rien négliger à Messine pour apprendre des nouvelles d'Amédéo; et puis l'ayant embrassé, il le conduisit jusqu'au-delà du pont-levis.

Outre sa suite ordinaire, Francavilla fut accompagné dans sa course par un tiers environ des gens d'armes qui étaient venus à Altanéro avec les officiers du roi; le reste, ayant un héraut et un chevalier à sa tête, ne partit pas en même-temps, prétextant un ordre du monarque qui lui enjoignait de pousser jusqu'à Palerme.

Lorédan, brûlant du désir de s'expliquer promptement avec Frédéric, pressa le plus qu'il lui fut possible la célérité de son voyage, il y mit une si extrême diligence, que dans très-peu de temps il vit les remparts de Messine se dessiner dans le lointain. Ce fut vers le soir du troisième jour de son départ d'Altanéro qu'il entra dans cette ville. Il y avait un palais dans lequel il se rendit, et immédiatement il dépêcha vers le roi un chevalier de sa suite pour lui annoncer que ses ordres étaient remplis, et que lui, Francavilla, était venu pour lui témoigner son obéissance. Le monarque fit répondre que le lendemain, à dix heures du soir, il lui donnerait audience. Ce retard ne concordait guère avec l'impatience que le prince avait montrée pour le voir arriver; mais il fallut prendre patience, et attendre l'instant indiqué.

Lorédan employa le temps qui précéda cet instant à voir ses amis; tous le félicitèrent sur son arrivée; ils lui dirent que sans doute le roi lui destinait le commandement d'un corps de troupes qu'on devait envoyer au secours du roi de Chypre, menacé par les Ottomans; et que beaucoup de gloire devait être le résultat d'une telle faveur.

Francavilla était loin de penser de même, et il se promit bien de refuser tout ce qui pourrait l'éloigner plus longtemps encore de son Ambrosia. Cependant ses amis se pressaient autour de lui, ils vantaient leur attachement à sa personne; et plus on avait la certitude que le monarque paraissait le chérir, plus on lui parlait de l'amitié qu'il savait si bien inspirer.

L'heure de l'audience donnée au marquis lui paraissait bien étrange; ce n'était pas le moment accoutumé pour parler d'affaires, on ne songeait alors qu'au plaisir; mais le monarque l'avait désignée, il fallait l'attendre, et ne pas murmurer, encore. Enfin elle sonna. Déjà depuis quelque temps Francavilla se promenait, suivi du nombreux cortége de ses amis, dans la grande galerie du palais, lorsqu'un huissier vint lui annoncer que le monarque était prêt à le recevoir. Lorédan s'avança seul vers le cabinet du prince, et la porte se referma après lui.

CHAPITRE XXVI.

Fréderic était seul dans la pièce où Lorédan fut introduit; il s'appuyait sur une table couverte de papiers; sa contenance était grave, et ce ne fut pas avec son sourire bienveillant qu'il accueillit le marquis, comme jusqu'à cet instant il l'avait toujours fait. Une simple inclination fut tout ce que Francavilla en obtint ; et lui, qui n'était pas accoutumé à cette froideur extrême, qui croyait être mandé par l'amitié du monarque, éprouva quelque embarras de cette réception.

Un moment de silence s'ensuivit. Le roi prenant enfin la parole : « J'apprends, marquis Francavilla, lui dit-il, que mes envoyés vous ont trouvé à l'instant de contracter votre alliance avec la jeune duchesse de Ferrandino ; je suis fâché de n'avoir pu attendre plus long-temps les explications importantes que je suis en droit de vous demander ; mais elles m'intéressaient trop, elle sont trop pénibles pour vous, et j'ai dû, tant dans mon intérêt que dans le vôtre, ne pas chercher à les retarder. »

Ce début, prononcé d'une voix imposante, fit déjà pressentir à Lorédan qu'il allait acquérir la nouvelle preuve que ses ennemis l'avaient desservi de tout côté; qu'après lui avoir enlevé la tendresse fraternelle de Grimani, ils avaient essayé de lui ravir l'affection du roi.

—Je suis prêt, sire, répondit-il, à donner à votre majesté toutes les explications qui lui paraîtront nécessaires. J'ignore encore sur quel point elle voudra m'interroger; mais, quel qu'il soit, j'ai la certitude de pouvoir y répondre victorieusement.

— » Je le souhaite plus que je ne l'espère, répliqua Frédéric; et, par avance, je vous conseille de me dire tout ce que vous savez; car je suis instruit bien plus que vous ne croyez peut-être.

— « Sire, je n'en doute point; mais peut-être aussi l'êtes-vous par mes ennemis; et alors quelle foi pourrez-vous ajouter à leurs révélations. »

— « Prenez-y garde, marquis Lorédan, vous tenez déjà le langage de ceux qui n'ont pas de raisons à donner, et qui toujours, et sans motifs, accusent la malignité de leurs prétendus ennemis. »

Ces paroles annoncèrent plus clairement encore que le monarque était prévenu ; mais Lorédan, se confiant en son innocence, se flatta de dissiper les nuages qui s'élevaient dans le cœur de Frédéric.

« Je n'aurai pas sans doute besoin, poursuivit le prince, de vous raconter ce que vous devez savoir ; cependant, je juge convenable de prendre l'affaire dès son commencement, afin que vous ne puissiez pas me reprocher de vous avoir déguisé quelque chose. L'attachement que je vous portais, marquis Lorédan, venait, dans son principe, de ma reconnaissance pour les services signalés que votre illustre père avait rendus à ma couronne ; vous ne tardâtes pas à la mériter vous-mêmes, et j'eus lieu d'être satisfait de votre conduite, aussi loyale qu'héroïque. Je cherchais par où je pourrais m'acquitter envers vous lorsque l'occasion s'en présenta. La belle duchesse Ambrosia fut aimée par vous; elle parut répondre à votre flamme; soudain j'écartai d'elle les cœur qui eussent pu vous la disputer. Il en est un qui, assurément, n'eût pas eu de peine à remporter la victoire sur vous, puisque c'était le troisième de mes fils, le prince Manfred, épris d'une extrême passion pour cette belle personne. Je fis taire ses soupirs; je lui commandai de se vaincre; il m'obéit, et pour lors je voulus lui donner une épouse dont les charmes, le rang, les vertus, pussent entièrement lui faire oublier celle que je lui refusais. Parmi les princesses sur lesquelles je portai mon choix, la nièce de Lusignan, roi de Chypres la princesse Palmina fut celle qui me parut devoir fixer plus particulièrement mon attention. Cependant je n'en fis rien paraître; je ne pouvais donner trop d'attention au bonheur de mon fils, et je me décidai à envoyer un seigneur intelligent à la cour du roi de Chypre, qui, sous le prétexte de faire un voyage dans la Palestine, s'arrêterait quelque temps à Famagouste, examinerait le caractère de la princesse, qui, devant lui, ne songerait pas à se dissimuler, me rendrait un compte précis de ce qu'il m'importait tant de savoir, et qui, après avoir reçu mes instructions dernières, déploierait le caractère de mon ambassadeur, et demanderait à Lusignan la main de sa nièce pour le prince mon fils. Ce seigneur devait, au contraire, si la renommée avait exagéré le mérite de la belle Palmina, avoir l'air de poursuivre sa route vers la Terre-Sainte, et un profond mystère aurait couvert cette importante mission.

» Il y avait autour de moi, sans doute, un grand nombre de chevaliers dignes de recevoir mes instructions ; je m'arrêtai cependant sur le plus cher de vos amis, sur le baron Ferdinand Valvano; et je fus déterminé dans mon choix, par la preuve que je crus avoir acquise que ce jeune seigneur brûlait en secret, et malgré lui, pour la femme qui vous était destinée; je vois à la surprise éclatant sur votre visage, que vous n'aviez pas eu ma perspicacité; oui, Lorédan, votre ami adorait Ambrosia, et sa vertu (il en avait du moins alors) lui fit dérober à vos yeux le secret de son âme.

» J'eus pitié de lui; je crus lui rendre un vrai service en l'éloignant un peu de vous; je connaissais l'empire de l'absence et du temps; je ne doutais pas qu'il ne perdît son amour en perdant son espérance, et que, revenant après votre hymen, il n'imposât silence à une ardeur devenue dès ce moment criminelle. Ce que j'avais prévu arriva; mais ce fut moi qui fournis tous les moyens d'assurer votre tranquillité.

« Valvano ayant reçu mes instructions, cacha avec soin le but de son voyage; j'avais exigé de son honneur qu'il en fît à tous un profond mystère, ne vous exceptant pas de cette défense. Il connaissait encore son devoir; aussi me vis-je obéir par lui; un vaisseau préparé secrètement à Syracuse le reçut sur son bord. Muni de mes instructions, Ferdinand quitta la Sicile; et peu de temps après, j'eus la nouvelle qu'il était heureusement débarqué à Famagouste.

» Ses premières dépêches m'apprirent que la princesse de Chypre était d'une rare beauté, il me fit ensuite un brillant détail de ses qualités; mais peu-à-peu, et comme voulant par un plus long examen, répondre à ma confiance. Charmé de ce qu'il me mandait, j'allais lui envoyer les pleins pouvoirs, afin qu'il pût traiter de cette union, lorsque tout-à-coup, il cessa de correspondre avec moi. Surpris de ce silence extraordinaire, craignant qu'il ne lui fût arrivé quelque malheur, impatient de terminer cette négociation, je me décide à faire partir un autre émissaire, qui, prompt à revenir, me donne l'inconcevable nouvelle que la princesse Palmina est disparue, et que tout Chypre accuse le baron Valvano de l'avoir enlevée.

« Je me refusai d'abord à croire une pareille infamie; mais enfin je dus me rendre à l'évidence, et je demeurai confondu. Vous devez croire, marquis Lorédan, que ma colère fut portée au plus haut point ; aussi dans mon premier dépit, je jurai de prendre une vengeance éclatante d'une aussi coupable injure, et j'étendis mon serment, tant contre Valvano, que contre ceux qui pourraient lui prêter son appui.

« Plusieurs mois se passèrent, et mes efforts pour decouvrir le lieu de la retraite de ce perfide, furent infructueux. Je dissimulai soigneusement toute cette affaire, afin d'en mieux surprendre l'auteur et les complices ; mais ils se déguisèrent si bien, qu'ils échappèrent à toutes mes recherches. J'avais presque renoncé à l'espérance de les rejoindre, lorsqu'il y a peu de jours, je reçus une lettre. Elle m'annonce que Valvano n'a pas craint de venir me braver jusqu'en mon royaume; qu'il est en Sicile, caché dans un lieu où il se trouve arrêté par une dangereuse blessure; mais que redoutant d'être surpris avec la princesse de Chypre, dont il a fait sa concubine, il est venu vous la confier; qu'elle est dans votre château d'Altanéro, où vous la cachez soigneusement à tous les regards, et que c'est-là que je dois diriger mes recherches, si je veux me donner la preuve certaine de votre culpabilité.

« J'avoue qu'avant de vous croire coupable à ce point (car il ne faut pas vous laisser ignorer qu'en la même lettre, on m'assurait de votre intelligence avec Valvano : vous saviez le nom, le rang de la princesse ; vous étiez, en un mot, instruit de tout) ; avant donc de vous soupçonner, il me fallut du temps ; mais une nouvelle lettre plus pressante me vint donner de nouvelles lumières. On me promettait de me faire remettre tous les papiers, tous les documens par lesquels la vérité me serait prouvée, dès que je vous aurais fait venir à Messine.

Il fallut s'y déterminer, cependant, combattu par mon amitié, je ne voulus pas à l'avance, vous traiter en criminel ; je vous écrivis de manière à pouvoir donner à ma lettre l'interprétation que je jugerais à propos : bien décidé, si avant de vous voir, on ne m'avait remis les preuves annoncées, de ne vous parler de ceci que pour vous demander ce que vous pouviez en savoir. Mais il y a une heure et je vous le dis à regret, que mon opinion sur votre compte est entièrement changée. On ne m'a point déçu, et voilà sur cette table les titres promis, voilà les lettres de Ferdinand à la princesse, les réponses de cette dernière, et voilà, Lorédan, les vôtres aussi, dans lesquelles vous ne craigniez pas de vous jouer de votre prince, de celui dont on vous croyait moins le sujet que l'ami. J'ai tout dit. Je dois vous observer encore que j'ai donné l'ordre à mes officiers chargés de vous mander près de moi, et qui sont encore dans Altanéro, d'y faire les recherches les plus exactes; et comme l'on m'a désigné l'appartement secret où se cache la princesse de Chypre, on a dû l'en tirer, et demain, selon toute apparence, elle sera conduite devant moi. »

Frédéric eût pu parler plus long temps sans que Francavilla se montrât tenté de rompre le silence. Tout ce qu'on lui disait, loin d'éclaircir ses idées, le troublait davantage ; tout lui paraissait incertain, bizarre, inexplicable ; pour lui, tout était à-la-fois vrai ou faux ; mais où était positivement la vérité, et où pouvait-on reconnaître le mensonge ? Il voyait bien dans toutes ces choses, la preuve d'une trame odieuse ; mais lui serait-il facile d'en démêler les fils? Les lumières, les ténèbres se confondaient dans son esprit, en y formant un chaos qu'il ne pouvait séparer.

Cependant il fallait répondre au monarque. Celui-ci, debout toujours, et son œil constamment fixe, attendait que Lorédan voulût enfin prendre la parole; mais le marquis ne savait par où commencer, et comme nous venons tout à l'heure de le dire, il avait connaissance du piége, et ne pouvait se justifier complètement. Néanmoins voyant combien son silence pouvait lui être préjudiciable, il chercha à s'excuser.

«Je devrais, sire, en commençant, confondre d'un seul mot mes ennemis, et je me vois forcé de rendre justice à leur atroce adresse. Une partie de ma justification sera incomplète; mais, en même temps je me flatte de vous satisfaire sur l'autre. Non, sire, je n'ai jamais appris, jusqu'à ce moment, les particularités que vous venez de me confier. Je vous jure sur mon honneur, que j'ai ignoré le voyage du baron Valvano, la mission dont il fut chargé et la manière coupable avec laquelle il répondit à vos bontés. Pourtant cette princesse de Chypre ne m'est pas inconnue; elle a habité mon château d'Altanéro, si elle est la même personne de son nom que me confia non Ferdinand, mais un autre individu, autant mon ami que Valvano a pu l'être. Ceci demande d'entrer dans de plus longs éclaircissemens. J'eusse voulu les dissimuler à tout autre, mais à vous, mais dans la circonstance actuelle, ce serait un crime de ne point parler.

A la suite de ce préambule, Lorédan, entrant dans tous les détails des événemens dont nous nous sommes occupés, conduisit le roi depuis le jour où ses ennemis lui déclarèrent la guerre en pénétrant d'une manière furtive dans les remparts d'Altanéro, jusqu'aux dernières circonstances; ne lui cacha pas son voyage au monastère des Frères Noirs ; sa surprise en trouvant Ferdinand Valvano sous les vêtemens de l'abbé de Santo-Genaro ; la façon miraculeuse dont il lui avait échappé; la dernière tentative faite pour l'assassiner; comment un inconnu lui avait confié une femme qu'il ne connaissait pas davantage, mais qui, jeune, belle, et annonçant par ses habitudes la splendeur de sa naissance, portait précisément comme la princesse de Chypre, le nom de Palmina. Enfin, il termina son récit en avouant que peu de jours avant celui de son mariage, une nouvelle machination lui avait enlevé cette noble personne, et qu'il croyait qu'elle était partie avec le signor Amédéo Grimani, trompé pareillement par les ennemis de Francavilla, qui étaient devenus les siens.

Deux choses furent seulement cachées au roi, et en dissimulant sur ce point, Francavilla crut agir selon les règles de la prudence : la première, c'est qu'il ne désigna pas le prince Luiggi Montaltière comme étant son protecteur; la seconde qu'il ne fit pas connaître que Ferdinand Valvano, arrêté dans le cours de ses malices, se trouvait en son pouvoir, puisqu'il était encore à Palerme dans le palais de l'archevêque, gisant sur son lit de mort.

Mais cette justification fut loin de paraître complète. Aux yeux du roi. Une assertion de Lorédan était d'abord une fausseté manifeste; et puis il avait peine à comprendre comment cette Palmina, dont la présence eût pu ou accuser ou proclamer l'innocence de Lorédan, avait disparu à l'instant où elle eût été si nécessaire. D'ailleurs, il régnait une telle obscurité dans tout ce que le marquis venait de dire, il avait avancé des assertions tellement extraordinaires, que le roi avait peine à y ajouter une entière foi.

Fréderic, néanmoins, ne laissa pas connaître toute sa pensée; son front devint seulement plus sévère. — « Je voudrais, dit-il, marquis Francavilla, pouvoir vous croire, et la chose m'est imppossible; je ne retrouve pas en vous cette franchise qui autrefois me plaisait, tant votre récit est embarrassé; et, d'ailleurs, il est des points sur lesquels vous êtes en telle contradiction avec ce que je sais avec certitude, que mon opinion sur votre compte ne peut revenir entièrement. Vous niez des choses évidentes, vous en avancez d'autres sur lesquelles il me serait facile de vous confondre. Enfin, voilà votre signature, votre cachet. Que pourrez-vous leur opposer? On les a contrefaits, direz-vous. Cette raison vous semblerait-elle excellente, à vous-même, si d'autres s'en servaient. Je ne crains pas de vous le demander, surtout lorsque vous êtes contraint de m'avouer que la princesse de Chypre a habité votre château. Vos ennemis l'ont encore fait disparaître. Certes, il faut convenir que leur adresse est bien grande, et que vous êtes en ce cas bien malheureux. »

Cette réponse de Fréderic indigna Lorédan; mais il n'avait pas alors la possibilité de prouver son innocence. Cependant, fâché de se voir accusé sans droit de le faire, il crut ne pas devoir plus long-temps conserver un héroïsme qui tendait à le perdre; et s'adressant au monarque, il lui demanda s'il serait justifié en faisant paraître Ferdinand Valvano.

« Sa présence dans ma cour, reprit Fréderic, vous serait bien nécessaire. Puisque vous savez où le trouver, je vous engage à lui transmettre mes dernières volontés. Il doit craindre ma colère, mais seul, il pourra vous sauver. Pourriez-vous, d'après le récit que vous venez de me faire de ses nombreuses perfidies, balancer un instant entre ses crimes récens? Certes, si vous le faisiez vous auriez une âme plus qu'humaine; je vous admirerais, mais je ne vous en punirais pas moins. »

Sire, répliqua Francavilla, j'ose pourtant vous demander une grâce; je me jette à vos genoux pour l'obtenir, et vous en conjure au nom de mon père et en celui de mes faibles services, que vous avez paru autrefois apprécier. Ferdinand fut mon ami, et puisque son amour pour Ambrosia fut la première cause de sa perte, je dois m'accuser d'y avoir pris part; aussi ne pourrai-je jamais me résoudre à le remettre en votre pouvoir. Accordez-moi la faveur de confier le soin de l'interroger en votre nom, à quatre seigneurs de votre cour, auxquels je joindrai l'archevêque de Palerme. Je les conduirai au lieu où je puis espérer de rencontrer Valvano; et leur témoignage, au retour, établira, n'en doutez pas, mon innocence. »

— « Marquis Lorédan, répondit le roi avec hauteur, je ne compose pas avec mes sujets, surtout quand j'ai des raisons légitimes de suspecter leur fidélité. Non non, je n'accorde point votre demande; il faut que Valvano, que la princesse soient tous les deux amenés devant moi. Jusqu'à ce moment, je ne dois voir dans tous ces obstacles apportés par vous à satisfaire ma volonté, que les difficultés d'un homme effrayé de se sentir coupable. Adieu, retirez-vous, je veux être obéi; et votre hymen ne s'accomplira pas que tous ces mystères ne soient éclaircis à votre avantage. »

Après s'être ainsi exprimé, le roi fit signe à Lorédan de sortir de son cabinet. On doit apprécier l'étendue de la douleur de Francavilla; il lui fallait ou s'avouer criminel, ou livrer le frère de Luiggi. Cette alternative lui parut affreuse, et ce fut avec un visage empreint de désespoir qu'il se retira.

Ses amis l'attendaient, croyant avoir à le féliciter quand ils le verraient paraître. Sa contenance mélancolique les étonna d'abord; mais ils furent bien plus surpris encore lorsqu'en descendant le grand escalier du palais, un des capitaines des gardes de Fréderic vint à Lorédan, et lui dit que de la part du prince il lui demandait son épée. En même temps on entendit une voix s'écrier: *A toi marquis Francavilla, à toi.* Mais quelque bisarre que fût cette exclamation, peu de personnes, hormis Lorédan, y firent attention; un seul objet occupait la foule, c'était la vue de la soudaine disgrâce du favori ; lui, naguère si puissant, si aimé, ne trouva pas autour de lui un seul de ces amis si empressés auparavant à grossir son cortége ; nul n'avait tardé à s'éloigner depuis que le vent de la fortune était changé.

—«Chevalier, dit Lorédan d'une voix émue, suis-je donc votre prisonnier? »

—«Oui, signor, j'ai ordre de m'assurer de votre personne; mais néanmoins on vous donne votre palais pour prison, et je dois vous y conduire. »

A peine Lorédan entendit-il ces dernières paroles; il cherchait autour de lui à reconnaître la personne qui avait fait entendre le cri toujours précurseur pour lui de quelque calamité; mais avec la foule de ses prétendus amis, tous ceux qui l'environnaient s'étaient retirés; il ne restait en ce lieu que le capitaine des gardes et quatre soldats.

Francavilla, en remettant son épée, prouva son obéissance. Supérieur à sa mésaventure, il ne fut troublé qu'en songeant au chagrin qu'en éprouverait son Ambrosia, et cette pensée enleva une partie de la fermeté de son ame. On le ramena dans son palais; des gardes en occupèrent toutes les issues, et il demeura libre dans son appartement; telle était la volonté du monarque.

CHAPITRE XXII.

Le jour suivant ne vit point cesser la solitude du palais de Francavilla ; ses amis, comme on doit le croire, n'eurent garde de venir consoler celui dont ce prince s'était éloigné. Il demeura seul, et s'occupa à mander à son amante, au duc Ferrandino et au marquis Mazini, le revers étonnant qui avait fondu sur lui. Une lettre particulière adressée à l'archevêque de Palerme le suppliait de veiller attentivement à ce que Ferdinand Valvano ne fût pas enlevé du palais archiépiscopal; et comme Francavilla pouvait craindre qu'on ne visitât ce qu'il écrivait, il eut soin de ne confier cette lettre qu'à un de ses serviteurs; on ne les lui avait pas enlevés.

Peu d'instans après, il reçut d'Altanéro les renseignemens que le duc lui avait promis sur la santé de sa fille. Lorédan, en examinant la date de cette lettre, vit qu'elle avait été écrite du soir même où il avait quitté son château; on ne lui parlait pas des recherches qu'on avait dû faire en exécution de la volonté du roi; et Lorédan pensa qu'on avait voulu lui épargner le déplaisir que lui causerait une pareille nouvelle.

Il espérait qu'au retour de son courrier, l'archevêque de Palerme lui donnerait les premiers moyens de faire éclater l'injustice de l'accusation dont il était la victime. Cette croyance lui donna plus de tranquillité, et il attendit tout du temps et de la bonté de sa cause. Quatre jours encore se passèrent sans qu'il reçût d'autres courriers d'Altanéro, que le premier dont déjà il avait lu les dépêches. Ce silence, bien opposé à ce qu'on lui avait tant promis, commença à renouveler ses craintes, soit sur la santé de son amante, soit qu'il craignît qu'on n'interceptât la correspondance sur les chemins, ou peut-être aussi par ordre du roi.

Cependant le quatrième jour arriva, et un messager parut enfin. Il était porteur d'une seule lettre, ce qui surprit Lorédan; car il s'attendait à en recevoir de l'archevêque et de son oncle, le marquis Mazini. Elle était du duc Ferrandino, et contenait ce peu de paroles. « J'ignore » comment le plus faux et le plus dan- » gereux des hommes, cherche encore

» à nous tromper; mais ses efforts seront
» vains, toute sa conduite nous est con-
» nue. Quoi! l'amant, l'époux de la prin-
» cesse de Chypre n'a pas craint de
» souiller la main de ma fille! Adieu,
» marquis Francavilla, nous sommes sor-
» tis d'Altanéro pour ne jamais y revenir
» et mon Ambrosia vous déteste autant
» qu'elle vous méprise »

La foudre éclatant aux pieds de Francavilla, l'Etna l'enveloppant de ses flammes dévorantes, l'eussent moins surpris qu'une lettre aussi inconcevable, et à laquelle il était si loin de s'attendre. Quoi! ses ennemis étaient parvenus à lui enlever les cœurs les plus fidèles, à le rendre suspect à son roi, à le brouiller avec son ami Amédéo, à le séparer de son amante? Ce n'étaient pas les injures du duc qui l'émouvaient, mais la douleur de se voir haï par Ambrosia : voila ce qui déchirait son âme, ce qui le plongeait dans un absolu désespoir; il ne s'appartenait plus. Il s'abandonna à un tel excès de rage, que ses gens crurent prudent de veiller sur lui. On l'engagea à se calmer, et peu-à-peu il tomba dans un morne accablement.

Plus néanmoins on cherchait à consommer son malheur, plus il crut, lorsqu'un peu de repos lui eut laissé la facilité de réfléchir, devoir opposer un front inébranlable à la tempête ; il avait la certitude que ses adversaires ne négligeaient rien de ce qui pouvait assurer sa perte ; et il vit que ce serait trop les servir que de leur céder sans avoir cherché à les combattre. Après plusieurs indécisions ; après avoir essayé de tous les moyens qui devaient lui être utiles, il devina clairement que les jours de l'indulgence étaient passés, et que puisque Ferdinand ne le ménageait point par ses agens, il y avait de la folie d'affecter à son égard une générosité aussi peu opportune.

En conséquence de ces réflexions, Lorédan se décida de faire connaître au roi qu'il était prêt à lui avouer en quel lieu se trouvait Ferdinand Valvano, et que pour sa justification, il consentait à tout ce qu'on pourrait exiger de raisonnable. Ce soin pris, il attendit la réponse avec impatience.

Il se promenait dans sa chambre, tourmenté par l'assurance de son malheur, craignant que de nouveaux incidens ne vinssent le replonger dans cette mer d'incertitude, lorsqu'un bruit léger se fit à une petite porte de l'appartement; il regarda de ce côté, et il vit s'introduire un Frère-Noir.

A cette vue, sa colère crut avoir trouvé un aliment. Il cherchait son épée, oubliant qu'on la lui avait ravie, quand le Frère-Noir d'un seul mot calma ce courroux. — « Lorédan ; lui dit-il ; et Francavilla reconnut Luiggi Montaltière.

— « Est-ce toi, toi, mon ami, lui dit le marquis, toi que je presse dans mes bras? Que tu as tardé à te rendre à mon impatience ! Quoi ! depuis ce jour où tu m'as sauvé... En prononçant ces dernières paroles, Francavilla s'arrêta, songeant qu'il rappelait à Luiggi le fratricide qu'il avait commis, par ignorance sans doute. Un instant de silence suivit ces mots, puis le prince, jetant son capuce en arrière, laissa apercevoir son pâle visage, qui se contractait en ce moment.

—« Francavilla, lui dit-il, ne parlons plus du passé, à moins qu'il ne faille absolument le faire; occupons-nous de toi; j'ai beaucoup de choses à te dire, et tu dois suivre en tout mes conseils; car je sais mieux que toi les résolutions à prendre, qui doivent te sauver. Francavilla, de nouveaux périls te menacent; tu ne connais pas la profondeur de la haine de tes ennemis; ils ont juré ta perte, et elle sera inévitable, si tu n'es pas évidemment protégé par le ciel. Déjà on a rendu ton souverain le premier chef du vaste complot qui t'enveloppe; on veut l'engager encore plus loin, et il faut redouter un pouvoir d'autant plus terrible, qu'il semblera se revêtir de formes justes; et s'il faut te le dire, tu es condamné sans presque avoir été entendu. »

—« Non, dit Lorédan, la chose ne peut être; l'équité de Fréderic m'est connue; on peut le prévenir, mais on ne le rendra pas injuste. »

—« Tu oublies donc qu'il est roi, et par-conséquent plus facile à tromper qu'un autre; car on a plus d'intérêt à l'aveugler. Tu crois qu'il voudra se montrer impartial; ne songes-tu pas qu'il s'imaginera juger dans sa propre cause? »

—« Non, Luiggi, je ne veux pas te croire; je veux conserver la bonne opinion que mon cœur a toujours eue pour Fréderic, et avant peu, tu pourras te convaincre qu'il sera le premier à proclamer mon innocence. »

—« Soit, puisque tu le désires; mais je ne le pense pas. Où sont les preuves que tu pourrais administrer? As-tu en ta puissance cette Palmina.... »

—« Oh! Luiggi, qui est-elle? comment se fait-il qu'une femme enlevée par Ferdinand soit tout-à-coup si changée à son égard? N'aurait-il eu jamais sa tendresse? aurait-il employé la force pour la soustraire à ses parens? Il me semble impossible qu'elle ait volontairement consenti à le suivre, si depuis pour toi.... »

—« Lorédan je t'en conjure, change de propos; il est des secrets destinés à ne jamais sortir des cœurs où ils prirent naissance; mais qu'en as-tu fait de cette Palmina? pourquoi as-tu si mal veillé sur le dépôt qu'on t'avait confié? »

—« Luiggi, à mon tour, je te supplie de ne pas accabler mon âme par des reproches que je ne mérite point. Palmina, trompée par ces agens de ton frère, qui veillent sans cesse autour de moi, a quitté volontairement Altanéro, croyant son départ nécessaire à notre intérêt; elle est partie avec cette Elphyre que tu connais, cette jeune fille que tu m'avais envoyée; et toutes deux sont, selon toute apparence, sous la conduite d'Amédéo Grimani, autre aveugle devenu le jouet d'une méchanceté sans pareille. »

« — Et tu n'as nul indice du lieu où ils se sont retirés? »

— « Amédéo, qui m'accuse, n'a eu garde de me l'apprendre; il cherchera au contraire à me séparer tant qu'il le pourra de ces témoins qui me deviendraient si nécessaires. »

— « Oui, tu dis vrai, Lorédan, ces témoins te sont indispensables; sans eux tu ne pourras échapper au sort qui te menace; et même avec eux, je ne sais s'il te serait possible d'éviter les coups que veulent te porter les persécuteurs acharnés à ta perte. »

— « Que peuvent-ils faire de plus maintenant contre moi? »

— « Te contraindre à porter ta tête sur un échafaud, en marquant tes derniers jours du sceau de l'infamie. »

— « Tu pourrais le croire? »

— « Je fais plus, j'en ai la certitude. »

— « Cela ne peut être; par quels moyens parviendraient-ils à flétrir ma loyauté? »

— « En te représentant comme le partisan de la maison d'Anjou. »

— « On connaît ma haine pour elle. »

— « On a séduit le roi, te dis-je. »

— « Non, cette chose ne peut être. »

— « Quoi! Lorédan, pas même quand elle existe? »

— « Que dis-tu? »

— « Marquis Francavilla, un Sicilien ignore-t-il jusqu'où parmi nous on a su porter la vengeance? Tu t'abuses, et je dois te détromper. Crois que Frédéric n'eût pas ordonné ta détention pour le seul grief d'avoir aidé Ferdinand à cacher la princesse de Chypre. Le prince n'aurait vu dans ta conduite qu'une preuve exaltée de ton amitié pour Valvano; il t'en eût fait des reproches, mais il se fût borné là.

« Le premier motif de sa colère est la conviction qu'il croit avoir de ta perfidie. On lui a remis un traité conclu avec les Angevins ; et parmi les noms des signataires, on lui a fait remarquer le tien. Déjà plusieurs de tes prétendus complices sont arrêtés ; deux d'entre eux sont tombés sous le glaive ; et toi, cette nuit, tu dois être jugé par une commission composée des barons Orsimo, Gaultière, Manfredonni. »

— « Eux, les plus cruels ennemis de mon père ? »

— « Songe-donc au sort qu'ils destinent à son fils ; déjà les bourreaux se préparent ; car les juges sont convenus de l'injuste arrêt qu'ils rendront. »

— « Grand Dieu ! »

« Mais tandis qu'on tramait ta perte, l'amitié veillait sur toi. Agissant dans Messine en ta faveur, répandant à profusion le métal corrupteur des hommes, je suis parvenu à tout apprendre. Je puis te sauver, si tu le veux. Viens ; une issue de ton palais est confiée à des gens à ma solde ; ils nous livreront un passage non loin du port, dans une anse écartée ; un navire nous attend ; il te portera sur la côte d'Italie auprès du château qui m'appartient; là, tu resteras pendant quelque temps afin de donner à l'orage celui de se calmer, et puis j'irai te rejoindre et nous chercherons ensemble Amédéo, Palmina, et cette autre personne, sans laquelle aussi tu dessillerais difficilement les yeux de Fréderic. »

— « Plus tu me parles, Luiggi, plus, en augmentant mon amitié pour toi, tu ajoutes à ma surprise ! O héroïque conduite ! combien elle est digne d'admiration ! Te verrai-je sans cesse comme un ange du Seigneur veiller à ma conservation; et ne me sera-t-il permis de te montrer ma reconnaissance ? »

— « Tu le pourras facilement en suivant mes conseils, en te dérobant au trépas infâme qu'on te prépare. »

— « Mais la fuite ne me fera-t-elle pas

juger plus coupable? L'innocent se dérobe-t-il aux lois qu'il n'a point à redouter? »

— « Oui, quand l'équité le juge ; mais doit-on se fier à ses ennemis ? »

— « Écoute, Montaltière, un aveu que je dois te faire. Poussé à bout par mes malheurs, accablé par mille témoignages de la haine de Ferdinand, je viens de me décider, après mille combats, à l'appeler lui-même en témoignage dans ma cause ; j'ai écrit au roi que j'étais prêt à lui apprendre où se trouvait Valvano, pour contraindre ce dernier à venir rendre témoignage dans ma cause. Puis-je maintenant m'éloigner après avoir fait une déclaration pareille? Ne semblerait-elle pas prouver que je n'ai cherché qu'à éluder ou retarder mon jugement? »

— « Il est donc vrai, reprit Luiggi, que le mauvais génie dont l'influence pèse sur toi ne te fera faire que de fausses démarches. Quoi! tu proposes au roi de lui apprendre où se trouve Ferdinand? et comment feras-tu pour tenir ta parole ? Tu crois encore Valvano à Palerme, il n'y est plus. »

— « Serait-ce possible ? Quoi ! Ferdinand..... »

— « A été rejoindre les siens. Il n'est plus en ton pouvoir ; et réfléchis maintenant à l'opinion que Frédéric prendra de tes promesses. Ne sera-t-il pas en droit apparent de te soupçonner ? Et si sur ce point reposait le soin de prouver ton innocence, il est ravi pour le moment. »

Cette nouvelle preuve de l'influence de sa mauvaise étoile accabla Lorédan, son âme se révolta à l'idée du supplice qu'on lui destinait ; et voyant que tout moyen d'établir sa justification lui était enlevé par une infernale adresse, il se montra moins éloigné de faire ce que Luiggi lui proposait. Cependant une pensée le troublait encore, celle de partir sans avoir détrompé son amante, qui le croyait inconstant et perfide, sans qu'il lui fût possible de lui prouver la fausseté de cette prétendue union qu'on lui avait dit exister entre lui, Francavilla, et la princesse de Chypre. »

— « Cela ne doit point t'arrêter, répondit le prince Montaltière, je me charge d'ouvrir les yeux de la jeune duchesse. Plus que personne je puis le faire, et je ne manquerai pas de m'employer pour détruire les soupçons élevés dans son cœur. Tu lui écriras, Lorédan, avant de quitter la Sicile; j'irai la voir, muni de ta lettre, et je me flatte qu'elle croira ce que je lui dirai. »

— « Mais si elle persiste dans son erreur, si son père, dont l'orgueil t'est connu, sans doute, cherchait à me l'enlever pour toujours en la contraignant à subir le joug d'une nouvelle union?..»

— « Vaines craintes, mon ami, qui ne se réaliseront pas; mais si par cas elles venaient à se trouver véritables, alors n'écoutant que mon amitié, je parviendrais à me rendre maître de la personne d'Ambrosia, et une fois en mon pouvoir elle appartiendrait à celui qui l'adore. »

— « Mais ne crains-tu pas Valvano? Il a brûlé pour elle, m'a dit le prince, et la haine qu'il me montre ne tire sa naissance, peut-être, que de la preuve qu'il a acquise de mon bonheur. »

— « Ferdinand depuis long-temps ne songe plus à la duchesse; son inimitié peut provenir d'une autre cause, mais celle-là n'existe plus dans son cœur. Écoute-moi, cependant, Francavilla. Le temps presse, le jour a fui; la nuit le remplace; encore quelques heures, et l'on viendra te chercher pour te conduire devant le tribunal de sang où ta condamnation est déjà arrêtée. Veux-tu me suivre, ou veux-tu attendre son inique décision ? »

— « Je veux, Luiggi, tout ce que tu voudras ; je m'abandonne à toi, et toi seul auras le droit de diriger ma destinée. »

A ces mots, une joie brilla dans les

yeux du prince ; il leva les mains au ciel, comme pour le remercier ; puis jetant ses bras autour du corps de Lorédan, il l'embrassa avec toutes les expressions d'une solide et véritable amitié.

— « Allons, dit-il, ne perdons point de temps ; viens, quittons ta demeure ; suis moi dans la mienne. Là, tu revêtiras un simple costume propre à détourner les soupçons, et nous pourrons enfin déjouer les complots de ceux qui sans relâche travaillent à te nuire. »

Francavilla passa dans un cabinet voisin, prit une ceinture dans laquelle il cacha plusieurs diamans ; et puis garnissant sa bourse d'une forte somme en or, il annonça à Montaltière qu'il n'avait plus rien à faire qu'à le suivre. Ils traversèrent plusieurs passages connus de tous les deux, et parvinrent à une porte dont les gardiens s'étaient éloignés, et ils en profitèrent pour sortir en toute hâte du palais ; et certains de n'être pas suivis, ils se rendirent à celui du prince.

Là, le marquis échangea son riche costume contre celui d'un homme du commun ; il déguisa ses traits, prit des armes, et toujours ensemble avec Luiggi, ils se dirigèrent tous les deux vers le chemin de la mer. A l'endroit convenu, un brigantin était à l'ancre ; le capitaine qui devait le commander se promenait sur la grève avec quelques matelots, attendant le passager qu'on lui avait annoncé.

Luiggi s'approcha de lui pour lui parler en secret. « Il suffit, signor, lui répliqua le capitaine, votre homme est en bonnes mains ; et désormais il est en sûreté, puisque vous le confiez à ma garde. »

Il dit, et va complimenter Lorédan. Cependant le vent s'élevait ; il était bon pour quitter les côtes de la Sicile, et les matelots l'annoncèrent par leurs cris.

« Séparons-nous, il le faut, dit Francavilla ; adieu, mon ami, adieu. Ici mon cœur serait déchiré, s'il ne le laissait après lui sur le rivage. » Il dit. Tous les d'euxconfondent leurs embrassemens. On appelle le marquis ; on paraît impatient de mettre à la voile ; il quitte enfin la grève, monte sur le vaisseau ; et à l'instant où l'ancre levée les éloigne de la terre, une tonnante voix se fait entendre, et elle répète le cri infernal, le cri accoutumé : *A toi, marquis Francavilla! à toi!* Oh! Luiggi, dit à son tour Lorédan, en lui tendant les bras, sommes-nous à cette heure, toi et moi, la dupe de quelque perfidie nouvelle? »

Mais le prince ne l'entend pas ; il ne peut même le voir, tant l'obscurité est profonde ; et le vaisseau, rapidement poussé par un souffle favorable, s'éloigne du rivage en sillonnant les vagues de la mer. Malgré tout ce que Luiggi avait pu dire à Lorédan, celui-ci avait peine à ne pas se croire le jouet de ses ennemis. On avait pu tromper Montaltière, et peut-être même le vaisseau où il l'avait cru en sûreté, était-il vendu à ceux qui ne cessaient de le poursuivre. Cette idée l'affligeait; il voyait bien que si, par malheur, elle était réelle, rien au monde ne pourrait le délivrer; et s'abandonnant à un nouveau désespoir, il mit ses armes en état, décidé à vendre chèrement sa vie, s'il pouvait deviner les complots dont on voudrait le rendre la victime.

CHAPITRE XXVIII.

Le soleil, chassant les ténèbres de la nuit, rendit par sa présence un peu de repos à Lorédan. Il commença à croire, puisqu'on n'avait pas cherché à lui nuire dans l'ombre, que le cri fatal annonçait seulement la joie de ses ennemis de le voir quitter la Sicile; il aima à se complaire dans cette idée; et les soins, les prévenances du capitaine achevèrent de le rassurer entièrement. La mer était tranquille; un vent léger poussait le vaisseau, et il ne tarda pas à perdre de vue les côtes de la Sicile ; seul encore le mont Etna se distinguait dans le lointain; il élevait sa cime fumeuse, et par fois lançait des flammes comme s'il eût préludé à une épouvantable éruption.

On faisait voile vers l'état de Gêne; car c'était dans les terres de cette république qu'était situé le château où Luiggi donnait une retraite à Lorédan. Il lui avait paru convenable d'envoyer son ami dans un pays qui était en paix avec le roi Fréderic, plutôt que de le faire conduire dans ses possessions du royaume de Naples, soumises au sceptre de la maison d'Anjou, ce qui eût confirmé plus que détruit les bruits calomnieux répandus sur la fidélité de notre héros.

Le château de Ferdonna s'élevait non loin des terres de Massa et de Lucques, tout auprès de Sarzanne, sur le golfe de la Spezia. Placé à la cime d'un mont escarpé, environné de rochers inaccessibles, de forêts immenses, il était d'un accès difficile; et ceux qu'il renfermait pouvaient se croire à l'abri de toute attaque imprévue.

Peu importait à Lorédan le lieu où il allait se reposer; une seule pensée occupait son âme; il ne songeait qu'à son amie, au désespoir de la quitter, à la vive douleur qu'elle devait ressentir en le croyant infidèle. Voilà le malheur auquel il rêvait sans cesse : tantôt il s'en voulait d'avoir quitté la Sicile; il pensait qu'il eût mieux valu peut-être rester dans une terre où il eût pu se rapprocher facilement d'Ambrosia; que ses premiers soins, en bravant la mort, eussent dû être ceux employés à rassurer la jeune duchesse, à la convaincre que jamais il n'avait cessé de l'aimer. Tantôt il s'applaudissait de sa fuite : elle donnera, disait-il, à mes ennemis le temps de se ralentir dans leur haine; elle facilitera les moyens de prouver mon innocence. Amédéo ne peut être toujours absent; il paraîtra, et Luiggi pourra commencer à l'éclairer lui-même, à lui faire connaître son erreur.

Ainsi tour-à-tour diverses pensées s'offraient à son esprit troublé, et cette indécision le rendait plus malheureux peut-être. Cependant la navigation continuait librement; le ciel n'avait pas d'orage, et les écumeurs de mer ne se présentaient pas. Lorédan passait la plus grande partie de la journée assis sur le tillac, occupé à admirer la magnificence du tableau qui s'offrait à ses yeux; ce firmament, si pur, quelquefois chargé de nuées que venait illuminer la clarté du soleil, admirables pavillons d'or, de pourpre ou d'opale, flottant dans l'espace au gré des vens, prenant à chaque minute une forme ou une teinte nouvelle; cette mer tranquille, et colorée de nuances de l'azur de l'empyrée, sur laquelle se jouaient des multitudes de poissons, tous variés de robe, de caractère, de force ou de légéreté. Les mulets, les dauphins, les marsouins, couraient par troupes autour du navire, sautant, folâtrant sur la surface de l'onde, tandis qu'une foule d'oiseaux marins étendaient alentour la blancheur de leurs ailes, en tournoyant au-dessus de ces flots, dans lesquels ils vont chercher leur proie.

Vers l'Orient se dessinaient tour-à-tour les rivages fertiles de la riante Italie, chargés de bois toujours verts, de moissons dorées, de vignes qui élevaient sur les arbres leurs pampres, suspendus en forme de guirlandes ; d'innombrables villages, tous embellis par quelques palais, par des jardins en amphithéâtre, que le goût avait dessinés, moins pour l'agrément de leurs propriétaires que pour servir à l'ornement de la perspective.

Quelquefois le navire approchait assez près de la grève, pour qu'on pût entendre le bêlement des troupeaux, les chansons de leurs conducteurs, la musique, ordinaire plaisir des habitans de ces belles contrées. Quelquefois pendant la nuit, lorsque d'innombrables étoiles embellissaient ces lieux, quand le silence régnait sur toute la nature, une voix charmante s'élevait de quelque tour de garde; elle chantait les merveilles de l'auteur de la nature, ou les tendresses de l'amour. Ces sons lointains parvenaient jusqu'à Lorédan, et le plongeaient dans une délicieuse mélancolie. Il lui semblait assister aux chœurs des anges chantant devant le Très-Haut. L'illusion était complète; elle était achevée par les ombres, qui, détachant le cœur de l'homme de tout ce qui pouvait fixer son attention, le laissait plus libre de se pénétrer du charme magique de ce concert imprévu; alors l'équipage du navire s'unissait à son tour pour entonner un cantique à la louange de la vierge, et l'enchantement était à son comble. On eût pu vraiment se croire tranporté en esprit dans les voûtes éthérées; et la religion augmentait de tout son pouvoir le plaisir dû à des sensations pareilles.

Lorédan alors sentait ses joues sillonnées des pleurs involontaires qu'il versait; jamais il ne priait avec plus de ferveur, et jamais l'espérance d'un moins funeste avenir n'était mieux venue lui prêter le secours de son aimable prestige.

Vers le milieu du quatrième jour de navigation, le navire entra dans le golfe de la Spezia, passa devant le rocher qui en ferme en partie les approches, et vint relâcher au port de Lérice. Là, le capitaine mettant à flot la chaloupe, la donna avec quatre rameurs à Lorédan, et celui-ci partit sur-le-champ pour le château de Ferdonna. Il y arriva après une heure de route, et monta sur la colline escarpée sur laquelle le château était situé.

Luiggi lui avait donné les lettres les plus positives pour le châtelain qui y commandait pendant son absence; il lui recommandait de regarder Lorédan comme son maître, de lui obéir aveuglément, de ne rien négliger sur-tout pour assurer la sûreté d'un ami poursuivi en ce moment par de vigilans adversaires.

Le châtelain, appelé Altaverde, parut recevoir avec respect les injonctions du prince Montaltière; il s'empressa de conduire Lorédan dans le plus bel appartement du château, et lui déclara que dès cette heure il était le souverain de Ferdonna, et que chacun, en lui obéissant, respecterait les volontés expresses du prince, son premier suzerain.

La mélancolie de Francavilla ne lui permit point, dans le premier moment, de donner son attention à remarquer la position pittoresque du château, ni sa sombre grandeur, ni le délabrement des salles de l'intérieur. Tout occupé de ses tristes pensées, il rêvait au bien qu'il avait perdu; et la certitude d'avoir été si près du bonheur, lui rendait plus pénible l'absence de cette prospérité.

Il passa le reste de la journée à réfléchir sur sa position actuelle : du moins lui offrait-elle un peu de tranquillité, et certes Ferdinand ou les siens seraient bien habiles s'ils parvenaient à le découvrir dans cette partie reculée de l'Italie. La nuit, en remontant sur l'horizon, le tira de sa profonde rêverie; et Altaverde se présentant à lui, vint s'informer s'il ne désirait pas souper. Lorédan consentit à prendre quelque nourriture; tous les deux passèrent dans la salle à manger.

Elle était éclairée par deux lampes de cuivre, qui ne répandaient alentour qu'une faible lumière, et son immense étendue en paraissait encore augmentée. Cependant, malgré cette demi-obscurité, les regards de Lorédan se portèrent sur un tableau d'une vaste dimension, placé contre une muraille; et en l'examinant avec attention, il crut reconnaître les traits enfantins des deux frères, de Luiggi et de Ferdinand. Le châtelain s'aperçut de son attention à examiner ce tableau.

« Vous cherchez peut-être, lui dit-il, ce que peut représenter cette peinture. Ce sont les portraits du prince de Montaltière et du baron de Valvano, lorsqu'ils étaient encore dans leur première jeunesse. Ce château, maintenant désert et silencieux, était alors habité par la mère de ces deux nobles cavaliers; elle venait souvent dans le pays; c'était celui de sa famille, et vous eussiez pu y trouver de son temps, ces plaisirs, ces distractions que je ne puis vous offrir. »

Le discours du châtelain rappela tout-à-coup les récits que principalement Ferdinand Valvano avait faits à Lorédan, des époques heureuses de son enfance; mille fois il s'était plu à lui décrire les environs comme l'intérieur du château de Ferdonna; il lui avait appris les contes répandus par la crédulité, sur les apparitions dont plus d'une fois il avait été le théâtre; enfin il lui avait surtout dépeint une chambre constamment inhabitée, depuis qu'un grand crime y avait été commis, et qui, par des routes obscures et profondes, correspondait avec une porte placée dans une grotte voisine de la ville de Lerici.

Lorédan ne douta pas qu'il ne se trouvât dans les mêmes lieux, surtout lorsqu'il vit ce tableau dont Ferdinand lui avait aussi parlé, et dans lequel il était représenté avec Luiggi et leur mère. Son cœur éprouva une espèce de joie à se trouver dans ce château. Hélas! lorsque Ferdinand l'entretenait de ses curiosités, ni l'un ni l'autre ne se doutaient que Francavilla viendrait un jour y chercher un asile contre la méchanceté de ce même Valvano.

«O passion funeste de l'amour, se disait-il à lui-même, faut-il que tu sépares deux êtres si bien faits pour s'aimer? As-tu pu changer à ce point le noble caractère de Ferdinand, et lui prêter toutes les malices les plus odieuses du crime. »

Ces réflexions le rejetèrent dans un morne silence, dont s'aperçut également le châtelain. « Allons, signor, lui dit ce dernier, il ne faut pas vous tourmenter sans relâche. Quels que soient vos chagrins, ils auront leur terme. Fiez-vous en l'amitié de mon prince, il ne songe qu'à faire des heureux; et puisque vous êtes placé si avant dans sa tendresse, pensez-vous qu'il ne fasse rien pour vous? Il me tarde de le voir; car peut-être viendra-t-il vous visiter; il y a trois ans que ce manoir ne l'a vu, et tous ses vassaux sont impatiens de lui rendre leurs hommages. »

— « Il ne les rendront jamais, dit le marquis, à un plus noble cœur, et puisse-t-il jouir de tout le bonheur qu'il mérite! »

— « On dit cependant, reprit Altaverde, que le prince est d'un caractère naturellement sombre; qu'il a même renoncé au monde en se retirant dans je ne sais quel monastère; et je croyais qu'il avait institué son frère unique héritier de ses vastes propriétés. »

— « Espérons, répliqua Lorédan, qu'il ne persistera pas dans cette idée, elle serait trop désespérante pour ceux qui le chérissent autant qu'il en est digne, et que la Sicile, par sa retraite, ne perdra pas son plus bel ornement. »

Ici, la conversation toucha à sa fin; le souper était terminé. Lorédan, fatigué de sa navigation, témoigna le désir de se retirer dans sa chambre. Altaverde se leva soudain de table, et voulut, malgré ses instances, l'y mener. Lorédan y trouva un valet occupé à entretenir un feu énorme.

— « Que fait donc là cet homme, dit le marquis en souriant au châtelain? est-ce que dans cette saison un tel brasier est nécessaire? »

— « En tout autre lieu, il ne le serait pas, répondit Altaverde; mais cette pièce est demeurée vide durant tant d'années, que l'humidité dont-elle est remplie a besoin d'être chassée, et nous employons avec succès contre elle le plus puissant de ses ennemis. »

Lorédan ne répliqua pas. Il examinait avec attention sa chambre, et ses idées se rassemblant, lui rappelaient les descriptions que lui faisait autrefois Valvano, de l'appartement du *meurtre*, situé dans le château de Ferdonna, et qui se trouvaient conformes à tout ce qui frappait en ce moment ses regards. Il reconnut le lit de velours rouge, les fauteuils de la même étoffe, la tenture pareille, le grand crucifix de bronze placé dans la ruelle du lit, les deux tableaux représentant l'un le sacrifice d'Abraham, l'autre celui de Jephté, les meubles massifs, et enfin le plancher, tout à compartimens de bois de noyer, sous l'un desquels était un escalier descendant dans les souterrains.

Ce fut par là que les assassins de la belle Rosamaure s'introduisirent, et ce fut dans le même lit qu'on la frappa. Depuis lors, disait Ferdinand, l'ombre de la victime se plaît dans cette chambre lugubre; elle s'y promène en silence, et souvent par des apparitions elle effraie celui qui ose l'habiter. On dit qu'on l'a vue poursuivie par ses meurtriers, répéter souvent avec eux les scènes de la sanglante tragédie par laquelle elle trouva la mort.

Ces sinistres souvenirs se présentèrent en foule à l'imagination de Francavilla. Il eût rougi de les faire connaître; mais il ne put s'empêcher de dire à son conducteur : « Je crois qu'un de mes amis m'a déjà parlé de cette chambre; il me l'a décrite du moins avec exactitude. »

— « Cela se peut, répondit Altaverde; on a même fait à son sujet des contes dénués de tout fondement; peut-être qu'un de nos jeunes signors vous les aura répétés. »

— « Oui, dit Francavilla; il a prétendu que cette chambre se nommait la chambre du *meurtre*. »

« Bon, reprit le châtelain, c'est un

nom qu'on lui a donné sans cause légitime. Si pourtant vous aviez quelque répugnance à l'habiter, on pourrait vous en donner une autre. »

« — Me rappeler ce qu'on m'a dit autrefois, répliqua Lorédan, un peu choqué de ce qu'on avait l'air de soupçonner sa bravoure, n'est pas une preuve que j'en sois intimidé. Je souhaite de trouver bon le lit, et je n'en demanderai pas davantage pour dormir profondément; j'en ai grand besoin. »

Altaverde, à ces mots, salua le marquis et se retira. Francavilla demeuré seul, se félicita de ne pas avoir dit au châtelain tout ce qu'il savait sur cette chambre; mais après sa retraite, il voulut s'assurer si Ferdinand lui avait dit vrai dans tous ses récits. En conséquence il ferma soigneusement la porte; puis, se penchant sur le parquet, il chercha le compartiment où l'on avait gravé les armes de la maison de Massa, dont était issue la mère de Montaltière et de Valvano, il le rencontra dans un coin reculé de la chambre, non loin du lit et d'une porte qui communiquait dans un petit cabinet.

Lorédan essaya de le soulever; car l'ayant examiné avec une scrupuleuse attention, il y avait vu deux gonds, pareillement de bois, et qui semblaient jouer dans une charnière. Ne pouvant y parvenir, il introduisit son épée dans la fente étroite; et multipliant les légères secousses qu'il donna, il triompha à la fin de la poussière entassée en cet endroit par le temps, et dont l'humidité avait fait une sorte de mastic.

Le compartiment étant levé, il aperçut une trappe en fer, qu'il voulut pareillement ouvrir; mais comme les verroux qui la retenaient, avaient été consumés en partie par la rouille, il ne put les faire jouer; et voyant que pour vaincre cet obstacle, il lui faudrait trop de temps, il remit ce soin à une autre heure; celle qui sonnait alors, l'invitait trop à se livrer au sommeil. Il se contenta de répandre sur les verroux une partie de l'huile de sa lampe, afin de les préparer insensiblement à couler dans la suite avec plus de facilité.

Cette découverte lui donnait du moins l'assurance que Ferdinand ne l'avait pas trompé ; il était bien dans la *salle du meurtre*, et devant lui s'ouvrait le souterrain d'où étaient sortis les assassins de la duchesse Rosamaure, et l'ombre de cette belle infortunée lorsque son esprit inquiet voulait venir visiter la chambre où son corps fut immolé.

Lorédan, superstitieux comme un Sicilien, éprouvait malgré lui une terreur involontaire, en se rappelant cette terrible histoire; et dans ce moment, le bruit d'un objet qui heurta le plancher, le fit tressaillir, tandis qu'il porta rapidement ses regards effrayés autour de lui; mais nulle apparition ne se montra. Il dut attribuer la cause de sa terreur à la chûte du fourreau de son épée, qui avait glissé à terre, de la table sur laquelle il était posé.

Riant donc de son épouvante, il se déshabilla, entra dans son lit; et laissant sa lampe allumée, il essaya de chercher le sommeil : sa fatigue, son extrême agitation devait lui donner l'espérance de ne pas tarder à le trouver.

CHAPITRE XXIX.

Il devait y avoir près d'une heure que Lorédan était couché, lorsqu'il crut remarquer que la lumière de sa lampe, d'abord affaiblie, se ranimait insensiblement; une plus forte clarté, mais en même temps d'une teinte verdâtre, illumina les objets. Ceci, comme on peut le croire, surprit le chevalier; il se mit sur son séant, afin de mieux examiner d'où pouvait provenir un pareil phénomène, quand les rideaux du lit s'ouvrirent tout-à-coup d'eux-mêmes, sans qu'aucune main parût les avoir tirés. Ceci troubla plus encore Francavilla, et il se fût élancé vers son épée s'il avait eu la force de le faire; mais un pouvoir supérieur, une épouvante sans doute extrême, commandaient à ses facultés en les enchaînant.

Dès-lors, il ne lui fut pas permis de douter qu'une fatale apparition ne dût s'offrir à sa vue. Un bruit sourd se fit entendre vers la droite de la chambre : il provenait du côté de la trappe, qui bientôt se souleva lentement, et de son sein jaillit une nouvelle clarté plus livide encore que celle déjà répandue dans l'appartement.

Elle servit à faire distinguer à Francavilla une figure de femme jeune, pâle, et vêtue comme on l'était au dixième siècle; elle montait lentement l'escalier du souterrain, et en posant son pied dans la chambre, elle poussa un soupir si profond, si mélancolique, que le marquis en fut comme percé. Elle s'avança vers une table sur laquelle était posé un grand miroir, et elle dénoua sa longue chevelure.

En cet instant, deux fantômes hideux, car en tout ils étaient semblables à des squelettes desséchés, sortirent pareillement de la trappe ; ils portaient dans leurs mains décharnées une aiguière, un vase d'or, un linge et un peigne. Tous les deux furent auprès de la jeune femme, et alors celle-ci commença les apprêts de sa toilette extraordinaire. L'un de ces spectres lui présente son aiguière, et l'engage à laver ses blanches mains; l'autre, armé du peigne, démêle sa brune chevelure, la nate en tresses, les tourne autour de son front, et tous les deux s'unissent pour hâter sa parure nocturne.

Ses vêtemens tombent pièce par pièce;

un seul lui reste ; ce n'est point le voile dont la pudeur s'enveloppe dans l'ombre, c'est un linceuil mortuaire encore souillé de taches d'humidité et de sang. Cependant un des squelettes fait signe à la dame ; il lui montre le lit, et semble l'inviter à y prendre sa place. Elle s'achemine en effet comme pour remplir le dernier acte de la journée.

Notre plume rendrait mal les angoisses de Lorédan, à la vue de ce spectacle extraordinaire, surtout quand le fantôme, toujours exprimant une profonde douleur, s'avança comme pour venir s'allonger à ses côtés. A peine lui restait-il, dans son horreur inexprimable, assez de force pour soutenir une aussi affreuse position ; mais une puissance surnaturelle le rendait immobile, il n'avait de l'existence que ce qu'il lui fallait pour souffrir toutes les agonies de la mort.

La dame approchait : les couvertures sont levées ; elle s'étend enfin dans la couche de Lorédan, et la froideur de ce cadavre arraché à son tombeau, vint glacer les membres du marquis par ses détestables attouchemens. Ce supplice eût été trop grand pour pouvoir être durable. Ce fantôme se relève, s'éloigne un peu, et va se placer sur l'escalier de la trappe. Là, il fait signe à Lorédan de venir de son côté, et tout à-la-fois les deux squelettes se précipitent par la même ouverture, et Lorédan a entendu le cliquetis de leurs ossemens, qui se sont choqués dans cet étroit passage.

Le marquis, s'armant du signe de la rédemption, retrouvant du courage dans son désespoir, s'élance de ce lit, qui désormais lui devient odieux, court à son épée, et se dispose à suivre son effrayant conducteur; mais la dame, toujours silencieuse, ne lui permet pas d'emporter son arme; un signe plus impérieux lui commande de la laisser, car, en effet, à quoi pourrait-elle servir contre des êtres surnaturels, tant au-dessus de l'homme par la volonté de la Puissance divine?

Francavilla parut hésiter s'il donnerait ce gage de son obéissance, et la dame cependant descendait l'escalier souterrain, et continuait à l'inviter par ses gestes à ne pas lui refuser ce qu'elle lui demandait. Enfin, implorant l'assistance du créateur des anges, Lorédan, exaspéré, hors de lui-même par la vue de tout ce qui trouble ses sens, jette son épée sur son lit; et prenant sa lampe, va droit vers l'escalier du souterrain. Rosamaure; car ce ne pouvait être que cette belle infortunée, en avait déjà descendu la plus grande partie, et à la vue du chevalier, qui paraissait vouloir la suivre, laisse errer un sourire mélancolique sur ses beaux traits défigurés, et elle poursuit sa marche silencieuse. Une voûte très-élevée, due entièrement au rocher sur lequel on avait édifié le manoir de Ferdonna, se présente aux yeux de Lorédan; il en suit les nombreuses sinuosités, toujours précédé par sa mystérieuse conductrice, et tous les deux enfin pénètrent dans une caverne immense au milieu de laquelle s'élevait un monceau de terre surmonté d'une croix de bois, et qui annonçait devoir couvrir une sépulture.

Rosamaure se place sur cette petite éminence; elle se tourne alors entièrement du côté de Francavilla, lève ses yeux au ciel, et peu-à-peu s'enfonce dans la tombe; et quand elle achève de disparaître, une flamme bleuâtre s'élève du lieu où elle s'est évanouie, éclairant les tristes lieux de sa fantastique lumière.

Lorédan s'était mille fois élancé dans les bataillons des ennemis de son maître; il avait souvent remarqué le fer près de trancher sa vie; d'autres fois, environné d'une foule de soldats prêts à le frapper, il ne lui restait même pas l'espérance du secours; eh bien! cependant son âme, dans ces fâcheuses rencontres, s'était toujours montrée inaccessible à la terreur; il avait eu la pensée de trouver un solide appui dans son épée comme dans son courage; mais aujourd'hui, seul au milieu de ces épaisses ténèbres, en présence de ces preuves d'une sinistre apparition, sa valeur s'était évanouie; le héros ressentait toutes les faiblesses de l'homme, et pouvait à peine s'indigner contre le tremblement qui, de son cœur, avait passé dans tout son corps.

Cependant, il ne savait point ce qu'il devait faire; il ignorait par quelle raison le fantôme de Rosamaure l'avait attiré dans cette caverne; tant d'années s'étaient écoulées depuis sa mort tragique, que la possibilité de la venger n'existait plus. Serait-ce une tombe en terre-sainte que pouvait demander cette ombre inquiète? Ah! Lorédan osait la lui promettre; et, étendant sa main vers l'endroit où elle avait disparu, il lui en fit le serment solennel.

Dès qu'il eut prononcé ces paroles, un

son harmonieux se fit entendre; la flamme bleuâtre et faible qui pétillait sur la tombe de Rosamaure, jeta une plus vive clarté; cette belle fille releva sa tête de son cercueil; elle reparut le visage animé des couleurs les plus vermeilles, et, ô surprise inexprimable! Lorédan la vit tenant dans sa main le fatal étendard de la mort, qui était toujours pour lui d'un sinistre augure. Elle le déchira en mille pièces, le foula sous ses pieds, tandis qu'une foule d'esprits célestes vinrent de toutes parts entourer le Sicilien. Ils portaient des boucliers dont ils semblaient vouloir se servir pour le défendre, et tous s'écriaient d'une voix forte: «*Pour toi! marquis Francavilla; pour toi!* »

La sensation extraordinaire que lui firent ces agréables paroles, par lesquelles les suprêmes intelligences semblaient lui promettre leur appui, lui firent naître la pensée de se prosterner devant eux, et le mouvement qu'il fit pour se mettre à genoux l'arracha, à la fin, du songe pénible qu'il venait de faire ; car le marquis avait rêvé la scène terrible que nous venons de décrire.

Ce fut avec une joie sans pareille, qu'il se retrouva dans son lit. Déjà sa lampe s'était éteinte ; mais les premières clartés du jour pénétraient dans la chambre, à travers les contrevents, depuis long-temps fendus par la chaleur extrême. Lorédan, charmé de ce dénouement inattendu, voulut, avant d'aller ouvrir ses fenêtres, laisser passer la froide sueur qui coulait de ses membres affaiblis ; et, dans une fervente prière adressée au Tout-Puissant, il le remercia de ne pas lui avoir montré en réalité cette vision épouvantable.

Il sortit enfin de son lit. Lorsqu'il se fut placé à sa fenêtre, la magnificence du tableau que la nature lui offrit parvint pour le moment à lui faire oublier ce que la nuit lui avait présenté de si funeste. Cependant le rêve ne pouvait entièrement lui déplaire ; sa fin le raccommodait avec ce qu'il pouvait avoir eu de hideux ; il lui paraissait agréable de se rappeler que les anges lui avaient promis de prendre sa défense ; il voyait dès lors l'avenir sous des couleurs moins défavorables ; et avec un secret contentement il répétait tout bas les mots prononcés par les suprêmes intelligences : « *Pour toi ! marquis Francavilla, pour toi.* »

Mais en même temps il se disait en lui-même que le ciel, avant de lui prêter ce secours, demandait peut-être qu'en réalité Francavilla donnât une sépulture chrétienne aux ossemens de la belle Rosamaure, s'ils étaient encore ensevelis dans les souterrains du château. Il se promit de le faire ; et plus calme après cette résolution, il revint au balcon saillant placé devant les fenêtres de sa chambre, se plaisant à contempler ce que nous allons essayer de décrire.

Le château de Ferdonna, placé sur les hautes montagnes dont le golfe de la

Spezia est entouré, avait sa face principale tournée vers le nord et le couchant; on voyait en face de soi s'élever, parmi d'énormes rochers amoncelés, la petite ville de Portovenere, couronnée par les forêts verdoyantes qui alors croissaient sur les hauteurs. En allant vers l'orient une vaste perspective de verdure, de monts dégarnis, se déployait jusqu'auprès de la ville de Spezia, située au fond du golfe du côté de l'occident; la mer de Sardaigne étalait ses espaces tranquilles; et, couverte en ce moment des barques de pêcheurs qui s'éloignaient en grand nombre, tandis que le soleil levant venait se réfléchir sur leurs voiles blanches, dont il augmentait l'éclat sous les pieds de Lorédan, l'azur du ciel se répétait dans l'eau du golfe, qui en paraissait plus sombre, et en même temps servait comme de repoussoir à ce magique tableau. On apercevait çà et là des champs cultivés avec soin, des prairies verdoyantes, des plantations d'oliviers, des bocages d'orangers, dont les arbres offraient tout à-la-fois le spectacle enchanteur de leurs fleurs suaves et de leurs fruits d'or, qui se mariaient admirablement au vert foncé des branches, pliant sous les fruits de leur riche récolte.

Les villageois paraissaient également dans le lointain, pour animer cette scène de merveille; on les voyait, ou tournoyant dans les routes sinueuses qui serpentaient aux environs de Ferdonna, pour aller porter leurs denrées à la ville de Lerici, ou gardant leurs troupeaux de moutons et de chèvres sur les pointes escarpées de quelques rochers.

Enfin, dans le ciel, du côté du couchant, s'amoncelaient encore de sombres vapeurs, restes des voiles que la nuit n'avait pas achevé de replier, et que venaient illuminer de mille brillantes teintes les rayons de l'astre du jour, qui, dans toute sa pompe triomphale, montait de l'horizon.

A l'aspect de cette scène étonnante, l'âme de Lorédan se dilata; elle ne put être soucieuse dans un moment où tout se réjouissait autour d'elle plus que jamais; l'espérance revint lui présenter son prisme magique, et Lorédan, par un mouvement involontaire, s'inclinant devant son dieu, éleva vers lui ses mains en répétant les consolantes paroles de la vision : *Pour toi ! marquis Francavilla, pour toi !*

Le bruit qu'on fit à sa porte le tira de son exaltation; il fut ouvrir au châtelain, qui lui dit en entrant : « Signor, je n'aurais eu garde de me présenter chez vous d'aussi bonne heure, si je ne vous avais aperçu respirant à votre balcon l'air pur et balsamique du matin.

Lorédan lui rendit les politesses qui lui furent faites, et passa avec lui dans la salle à manger; il put alors examiner plus à son aise le tableau contenant les portraits des deux frères, ses anciens amis. Ce fut en riant qu'il se rappela son songe épouvantable, presque sur tous les points conforme aux récits de Ferdinand Valvano; il lui revint également dans l'idée que celui-ci lui avait parlé d'un manuscrit contenant l'histoire de la belle Rosamaure; il devait être toujours, suivant le même Ferdinand, dans les archives de Ferdonna; aussi Lorédan ne balança-t-il pas à le demander au châtelain Aitaverde.

« Bon, reprit celui-ci, est-ce que vous songez à ces contes d'enfant, ou par hasard durant la nuit dernière auriez-vous vu la dame assassinée? »

Francavilla éluda de répondre à cette question; il prétendit qu'accoutumé à s'occuper, il avait besoin de trouver un aliment à sa curiosité; et cette histoire quelle qu'elle puisse être, remplira mon but, qui est de passer le temps.

« A cela, répliqua le châtelain, je n'ai rien à dire; je tâcherai ce matin de contenter votre désir; voilà déjà plusieurs années que ce manuscrit n'est pas tombé sous ma main; je crois pourtant savoir où il peut être, et après le repas nous irons, si vous le voulez, essayer ensemble de le trouver. »

Lorédan, charmé de se distraire, consentit à la proposition du signor Altaverde; ils partirent en effet tous les deux pour la salle des archives, placée au second étage d'une tour carrée, et dont la porte était toute en fer. Dans la salle, aux quatre côtés, on avait mis de fortes armoires en bois de chêne, s'élevant du plancher jusqu'à la naissance de la voûte; là, étaient rangés dans le plus grand ordre, les titres de propriété, les chartes, les documens de l'antique famille de Massa.

Dans le nombre de ces papiers d'affaires, on gardait quelques manuscrits précieux par leur antiquité; on distinguait les anciens historiens et poëtes de Rome, un Thucydide, un Homère, et les œuvres d'Aristote; puis venaient les chroniques du moyen âge, recueillies, pour la plupart, dans les monastères voisins; des vies de saints remplies des fables les plus absurdes, et où la vérité, si belle par elle-même, disparaissait sous la foule des mensonges dont on n'avait pas craint de l'envelopper.

Il fallut chercher assez long-temps pour trouver l'histoire de la belle Rosamaure; elle avait été mise à l'écart, on ne sait pourquoi, et elle fut rencontrée sous un contrat de mariage d'un prince de Massa. Cette chronique était écrite admirablement bien sur une peau de vélin, en lettres noires, or et pourpre. Plusieurs miniatures la décoraient; elles représentaient les diverses situations les plus marquantes du récit, et dans leur nombre, Lorédan remarqua celle de la fatale toilette dont Ferdinand lui avait parlé autrefois.

Une reliure en ivoire curieusement ciselé, et garnie avec des fermoirs de vermeil, couvrait le manuscrit; il était, en tout, un monument précieux de l'époque à laquelle on l'avait rédigé.

Lorédan, avec la permission du châtelain, l'emporta dans sa chambre, se disposant à le lire, dès qu'il serait seul; la chose ne tarda pas à arriver. Altaverde, occupé de son côté à surveiller les travaux de la campagne, était forcé de passer une partie de la journée hors du château. Il en prévint le marquis, lui annonçant que la plupart du temps il ne rentrait dans Ferdonna qu'au déclin du jour, peu de momens avant l'heure du souper. Francavilla ne fut pas fâché de cette révélation; il préférait se trouver seul, pour mieux se livrer à ses idées, et le châtelain, quoique bon homme, était d'assez peu de ressource pour la conversation.

Dès qu'il se fut éloigné, Lorédan curieux de commencer sa lecture, se plaça dans un grand fauteuil, sur le balcon de sa chambre, et là, en présence de toute la splendeur de la nature, il ouvrit le manuscrit effrayant.

CHAPITRE XXX.

Le baron de Ferdonna, vivant en l'an de grâce 947, avait deux fils sur lesquels se reposait toute sa tendresse ; il avait formé le projet, les chérissant également, de ne point mettre de différence dans les portions de son héritage, qui devaient leur revenir ; et durant toute sa vie, il les entretint dans cette idée : mais ce qui eût dû établir la concorde entre les frères fut le moyen dont l'enfer se servit pour les rendre ennemis. Astolphe, l'aîné, ne pouvait songer qu'avec impatience à tout ce que lui enlèverait la résolution de son père.

« Je suis l'aîné, disait-il, et à ce titre je devrais être son seul héritier; un modeste apanage est tout ce qui conviendrait à Jules, mon frère, et cependant cet audacieux sera aussi puissant que moi. »

Ces pensées odieuses fermentaient sans relâche dans son âme, et de vils flatteurs venaient encore l'exaspérer davantage. On le trouvait accessible à de bas sentimens, et les démons, sans cesse à l'affût pour enlever au ciel les âmes de ceux qui vivent dans cette vallée de deuil (ainsi appelait le monde, le moine, auteur du récit), ne négligèrent pas une occasion si favorable de s'en donner une de plus.

De toute part Astolphe trouvait des gens disposés à le servir dans ses haines; un d'eux surtout se distinguait par son acharnement. Bramante, c'était son nom, se disait venu de la Germanie pour se soustraire aux suites d'un meurtre qu'il avait commis. Poussé par la jalousie, il n'avait pas craint de frapper un Allemand, son rival, et la famille du mort avait juré sa perte. Bramante n'avait pas jugé convenable de s'exposer à son ressentiment; et par une prompte fuite, il s'était dérobé à une implacable vengeance.

La conformité de leurs goûts dépravés l'avait bientôt mis en rapport avec Astolphe; ils avaient tous les deux le même penchant pour la débauche, la même férocité dans les plaisirs, la même avidité pour la fortune. Celle de Bramante pourtant paraissait immense; elle eût dû satisfaire ses désirs; mais plus il possédait, plus il se montrait insatiable de richesses.

Constamment avec Astolphe, il lui soufflait une haine cruelle contre Jules, son frère, que ce Germain ne pouvait souffrir; il faisait observer au fils aîné du baron de Ferdonna combien la conduite de Jules, si fort dissemblable de la sienne, devait refroidir à son égard l'amitié de leur père commun.

—« Tu crains, lui disait-il, que Jules ne soit admis à partager également avec toi les domaines de ton père; eh bien ! moi, qui vois plus loin encore, je ne doute pas qu'il ne te défasse entièrement de tes droits; regarde la conduite de cet hypocrite, admire avec quel art il affecte de cacher ses égaremens, on le croit pourvu d'une sagesse supérieure à son âge, ton père te l'oppose sans cesse, et de cette opinion à la résolution d'en faire son seul héritier, la distance est courte; elle sera promptement franchie.

—« Ah! si je le croyais, disait alors Astolphe, ce frère, si heureux à mes dépens, cesserait bientôt de me tourmenter; mais, Bramante la chose ne peut être; le baron me chérit aussi, sa préférence pour Jules n'en est pas une; car dès notre plus bas âge, il se décida à faire un jour ce partage qui me déplaît tant. »

—« Soit, reprenait Bramante, tu le crois, c'est à merveille; mais un jour tu te rappelleras que je t'avais prévenu à l'avance, et que tu ne voulus pas voir ce qui frappait mes regards. »

Ces atroces insinuations ne laissaient pas de germer dans le cœur d'Astolphe; et plus il avançait en âge, plus son frère lui devenait odieux. Jules, de son côté, était loin de soupçonner une pareille jalousie; et meilleur qu'Astolphe, il le chérissait tendrement. Leur père vint à mourir sur ces entrefaites; et, comme il l'avait annoncé, sa fortune se trouva divisée en deux parts; chacun de ses fils put recueillir la sienne.

Parmi les domaines qui tombèrent dans le lot de Jules était le château de Ferdonna, objet particulier de l'envie d'Astolphe, qui, de tous les temps, avait desiré d'en obtenir la propriété. Furieux de se voir déçu dans son espérance, il s'éloigna de son frère, décidé à ne plus le revoir, et se retira dans la portion des biens paternels qui lui revenait.

Là, sa conduite, chaque jour, devint

plus répréhensible. Bramante ne le quittait pas; il était sans trêve auprès de lui, le poussant à mal faire, ainsi qu'aurait agi un esprit infernal; il ne se passait pas de semaine sans que des plaintes fussent portées au ciel par quelque individu contre Astolphe; il ne craignait pas de dépouiller les monastères, des biens que les fidèles leur avaient donnés; il outrageait, par ses propos, les saints ecclésiastiques; il poursuivait les jeunes filles dans les campagnes, excédait ses vassaux, les opprimait de toute manière; aussi un pieux abbé d'un couvent de Surzanne, ne craignit pas de dire que, tôt ou tard, une excommunication majeure, lancée contre le baron Astolphe, laisserait au démon la liberté de se saisir d'une âme que l'église lui abandonnait.

Ce propos ne tarda pas à être vérifié; mais il fallut qu'il fût suivi d'un grand crime, et nous allons le raconter, afin que le chrétien, en admirant la profondeur des jugemens de Dieu, redoute également de les voir peser sur sa tête.

Dans la ville de Lérici vivait une noble dame; mais, privée de la fortune dont ses ancêtres avaient joui, il ne lui restait plus, de sa splendeur passée, que de faibles débris; elle les soignait pour en faire l'héritage de sa fille unique, de la jeune et belle Rosamaure, proclamée, d'une commune voix, la fleur ou la perle de la contrée.

Rosamaure, dès ses plus jeunes ans, était célèbre par les rares qualités, par les charmes sans pareils, répandus sur toute sa personne; par le parfait assemblage de toutes les vertus, de toutes les grâces, de tous les mérites. Elle ne sortait de sa modeste demeure que pour aller, suivie de sa mère penitente, aux célébrations des sacrés mystères: là, par sa haute piété, elle se faisait mieux remarquer encore; et lorsqu'elle se prosternait avec ferveur au pied des autels, on eût cru voir un ange priant devant le trône du Créateur.

Une foule de soupirans ne tardèrent pas à environner cette jeune merveille ; chacun cherchait à sa manière à lui faire connaître son amour ; mais la pudique Rosamaure ne s'en apercevait pas. Presque toujours retirée chez elle, ne sortant qu'enveloppée d'un voile qu'elle ne relevait qu'à l'instant de l'adoration de l'hostie, elle restait étrangère aux débats dont elle était l'objet, et Dieu seul régnait dans son âme, où jamais mondaine pensée ne s'introduisit. Tous ses plaisirs étaient de cultiver des fleurs dans le petit jardin de sa maison, et de soigner sa longue chevelure brune, qui n'était pas le moindre de ses ornemens.

Il ne se pouvait faire que le baron Astolphe n'entendît point parler de cette beauté incomparable ; son digne ami, l'Allemand Bramante, était sans cesse en quête pour lui chercher de coupables distractions ; il fut le premier à l'entretenir de Rosamaure, et à lui faire naître la curiosité d'admirer de près cette merveille.

Astolphe descendit à Lérici un jour de fête solennelle; et là, sans respect pour le mystère vénérable que le prêtre accomplissait, il ne craignit pas de tourner le dos à l'autel, afin de pouvoir tout à son aise examiner Rosamaure, tandis que son voile était levé. Astolphe était loin de se figurer une créature autant accomplie; et la vue de ses attraits, tant réhaussés par la modestie de la jeune signora, le jetèrent dans un délire extrême, et le portèrent à s'abandonner aux plus étranges extrémités, pour parvenir à la posséder.

Mais dans le cœur corrompu du baron, l'amour vertueux ne pouvait trouver sa place; Astolphe croyait aimer, et le monstre ne faisait que désirer. Il ne lui entra pas dans l'idée de rechercher la main de Rosamaure en s'unissant à elle de son contentement. Non, il ne fallait au méchant signor qu'outrager l'innocence en lui ravissant son plus précieux trésor.

« Je veux qu'elle soit à moi, dit-il à Bramante en proférant un blasphême épouvantable, et plus tôt elle m'appartiendra, plus tôt je serai satisfait ; mais comment parvenir à l'arracher à sa mère, qui veille avec tant de soin sur ce dépôt précieux. »

— « La chose me semble facile, répondit le mécréant conseiller ; où la ruse est inutile, c'est en employant la force qu'il faut agir. Enlève Rosamaure, conduis-là dans ton château, et là tu pourras en abuser tout à ton aise. »

Astolphe, ne demandait pas mieux que de suivre ce détestable avis ; mais il redoutait la vengeance du peuple de Lérici, accoutumé à regarder cette charmante fille comme le plus bel ornement de la cité ; il craignait également les adorateurs nombreux de Rosamaure, qui, unis avec les Lériciens, pourraient venir, si son complot était découvert, l'attaquer dans son château, et le punir de son action criminelle. Il lui fallait donc, pour éviter le péril, conduire la malheureuse victime dans un lieu d'où il lui fût impossible de s'échapper, et qu'on ne pût pas soupçonner.

Comme il cherchait à le rencontrer, il se rappela que, sous le château de Ferdonna, devenu l'un des apanages de son frère Jules, il existait de vastes et ténébreux souterrains, communiquant, d'un côté, dans une chambre de l'intérieur du manoir, et de l'autre dans une grotte de la montagne, à une très-médiocre distance de Lérici. Il crut facile de s'y introduire; car il connaissait les secrets détours qui y conduisaient, et il se décida pour ce lieu, comme étant le plus favorable à l'exécution de ses desseins.

Avant cependant de ravir Rosamaure, il voulut aller visiter ces sombres cavernes, afin d'en retrouver les passages, et de voir par lui-même l'endroit le plus favorable à retenir et à cacher la jeune fille pendant quelque temps. Bramante l'y suivit, les souterrains furent par eux parcourus, ils en sondèrent toute l'étendue jusqu'à la trappe par où l'on descendait du château. Une salle leur parut convenablement disposée pour être le théâtre d'un crime, et dès-lors ils préparèrent tout pour enlever Rosamaure et l'entraîner dans ce lieu.

Deux brigands, qui durant toute leur vie avaient outragé la Providence, promirent à Astolphe de lui livrer avant peu la jeune fille, pour prix d'une forte somme, dont par avance on leur abandonna la moitié. Ils devaient pénétrer dans la demeure de la mère de Rosamaure, pendant une nuit où la tempête troublerait le calme de la nature, et empêcherait les cris de l'offensée de parvenir à l'oreille de ses concitoyens.

On attendit quelques jours avant de trouver le moment favorable; enfin un vent du libeccio impétueux souffla ; les vagues du golfe, violemment agitées venaient battre les murs de Lérici, et des coups de tonnerre répétés à l'infini par les échos des montagnes voisines, s'unirent aux rugissemens de l'orage, et nul bruit humain n'eût pu s'élever au-dessus de ces grandes clameurs de la nature.

Les deux bandits ne manquèrent pas de profiter de cette nuit tumultueuse, si favorable à leurs projets; ils informèrent Astolphe qu'ils allaient essayer de s'introduire par surprise dans la maison de Rosamaure, et l'engagèrent à aller les attendre au souterrain où la jeune fille devait être conduite. Astolphe n'eut garde d'y manquer; il y courut plein d'impatience et de coupables désirs. Son vil compagnon ne l'abandonna pas; il cherchait par ses discours à augmenter son délire, à lui enlever toute idée de vertu et d'honnêteté.

Les misérables brigands arrivèrent devant la porte de la maison de Rosamaure. Ils avaient remarqué une petite muraille qu'on pouvait franchir; ils s'introduisirent par là dans une cour intérieure, et après crochetèrent un contrevent qui leur donna l'entrée de la maison. La mère de la jeune beauté, celle-ci, une servante, étaient les seules habitantes du logis; on les surprit durant leur premier sommeil. La vieille dame et sa suivante furent attachées aux pieds de leurs lits; et Rosamaure, étroitement liée, s'étant évanouie dans les bras de ses ravisseurs, leur facilita les moyens de l'entraîner hors de la ville.

On devait croire que nul obstacle ne contrarierait une pareille entreprise. L'orage continuait toujours son fracas; les habitans de Lérici, renfermés dans leurs manoirs n'avaient aucune envie de les quitter pour aller courir les rues, aussi nul individu ne se présenta; mais plus les chances étaient propices aux méchans, moins il fallait croire que les anges chargés de veiller à la conservation de Rosamaure se laisseraient vaincre en ce moment. Ce n'étaient pas leurs yeux que pouvaient tromper les profondes ténèbres, et leurs oreilles distinguaient facilement les cris des malheureux à travers les rugissemens de la tempête; ils semb'aient sommeiller, et par la main ils conduisaient un vengeur à la malheureuse Rosamaure.

Cette même nuit, le baron Jules, qui habitait le château de Ferdonna, avait voulu y revenir de Survanne, malgré le temps horrible qu'il faisait. Monté sur un cheval accoutumé à gravir les montagnes des Apennins, accompagné de quatre valets armés, il revenait vers sa demeure, bravant les fureurs du libeccio et les éclats de la foudre. Il était déjà au commencement du chemin tournant par lequel on montait au château, lorsqu'il aperçut devant lui à la lueur d'un éclair deux hommes de mauvaise mine qui portaient dans leurs bras une personne évanouie. Les brigands auraient bien voulu l'éviter; mais le bruit de l'ouragan était si considérable, qu'ils n'avaient pas entendu le pas des chevaux.

—« Où donc allez-vous sur mes terres, paysans étrangers, leur cria le baron, à cette heure reculée, et pendant cette nuit dangereuse? »

Cette simple interrogation les troubla; un coup de vent, à l'instant où ils allaient répondre, souleva le manteau qu'ils avaient jeté sur Rosamaure, et un nouvel éclair montra la figure de cette merveilleuse beauté.

—« Ah! s'écria un des suivans de Jules, c'est *la vierge de Lérici*, que les coquins enlèvent (car on donnait ce nom à la jeune beauté). Il dit, et sans attendre l'ordre de son maître, il court sur les bandits suivi de ses camarades et du signor lui-même. Les bandits, pris au dépourvu, voulurent se défendre; mais le combat ne dura pas long-temps; plusieurs coups les jetèrent sans vie sur le rocher, et après leur chûte on s'aperçut que la belle Rosamaure, non seulement avait perdu l'usage de ses sens, mais était encore accablée par un bâillon qu'on avait placé dans sa bouche pour l'empêcher de pousser des cris, si par hazard elle était revenue à elle. On se hâta de l'en délivrer; et alors moins oppressée, elle commença à ouvrir ses beaux yeux. Jules ne connaissait point Rosamaure; il la voyait pour la première fois, et tant de charmes ne manquèrent pas de produire leur effet ordinaire.

Le baron voyant l'état de faiblesse de cette jeune fille, ne voulut pas confier à d'autres le soin de la porter au château, où il préféra se rendre, plutôt que d'aller dans la ville, dont il était d'ailleurs assez éloigné; remontant donc sur son cheval, il en pressa la course, et enfin arriva bientôt, avec son doux fardeau, dans l'intérieur de Ferdonna, et là, tous les soins furent prodigués à Rosamaure.

Elle revint peu-à-peu à elle; et dès que ses forces se furent rétablies, elle chercha à se jeter à bas du lit dans lequel on l'avait placée, pour implorer la pitié du signor Jules, le conjurant par les saints anges de la respecter et de la rendre à sa malheureuse mère.

—« Je vois, belle signora, lui dit Jules, que votre erreur m'outrage, sans assurément le vouloir. Non, je ne suis pas l'auteur de vos chagrins, et vous me devez votre délivrance. Je vous ai ravie aux monstres qui vous entraînaient; ils ont payé de leur vie l'infâme complot qu'ils avaient formé, et vous êtes dans le château de Ferdonna, dont je suis le propriétaire, maîtresse absolue de vos actions; car dorénavant je me ferai gloire de me compter au nombre de vos plus zélés serviteurs. »

Ces paroles, auxquelles Rosamaure était loin de s'attendre, la firent subitement passer d'un extrême désespoir à un parfait contentement. La noble figure du signor, la douceur de sa voix, la fierté de ses regards, parlaient en sa faveur; et la jeune fille croyant n'éprouver que des sentimens de reconnaissance, laissa l'amour s'introduire furtivement dans son cœur.

Cependant, troublée encore de l'événement affreux dont elle était la victime, peut-être un soupçon injurieux s'élevait en elle, lorsqu'elle fut entièrement rassurée sur la sincérité du beau chevalier, par l'entrée dans sa chambre du chapelain de Ferdonna, vieillard respectable, et que Rosamaure avait souvent aperçu à Lérici, dans les fêtes principales de l'année. Plus libre alors de s'abandonner à la joie, elle n'éprouva qu'un seul déplaisir, celui du chagrin que devait ressentir sa mère.

A peine en eut-elle dit quelques mots, que soudain Jules se hâta de faire partir un écuyer (le jour venant de se lever), pour aller à Lérici porter des paroles de consolation à cette dame respectable. Il ne voulut pas souffrir que Rosamaure s'éloignât; la tempête n'était pas achevée, et le *libeccio* soufflait avec violence.

Combien fut grande la joie que la mère de Rosamaure éprouva. Elle avait cru sans retour perdre sa fille, et des voisins, en sortant le matin de bonne heure, ayant vu la porte de la demeure de cette signora ouverte, étaient entrés, et, à leur grande surprise, l'avaient trouvée attachée ainsi que la suivante, et poussant de pitoyables cris. Ils s'empressèrent de les délivrer; puis se répandant dans les rues, ils proclamèrent l'enlèvement de *la vierge de Lérici*; et à la nouvelle de cet attentat, toute la jeunesse de la ville prit les armes.

On allait parcourir la campagne voisine, bien certain que l'on n'avait pu emmener Rosamaure par mer, lorsque la venue de l'écuyer du baron de Ferdonna dissipa ces inquiétudes. Il raconta ce qui s'était passé; on s'empressa de se rendre au lieu où les bandits avaient été immolés, et on les y trouva sans vie, ce qui ne permit point de savoir quel motif les avait poussés à commettre cette action détestable.

La signora, touchée de ces marques d'affection, en remercia vivement ses compatriotes; mais pressée de revoir sa fille, elle se hâta de partir pour aller la rejoindre dans le château de Ferdonna.

CHAPITRE XXXI.

Depuis le premier moment où Rosamaure avait frappé les regards du baron Jules, ce jeune seigneur n'était plus tranquille ; l'amour était descendu dans son cœur avec toutes ses flammes, avec toute sa tendresse ; et la belle fille lui paraissait nécessaire au complément de sa félicité.

Sous prétexte de lui donner le temps de se remettre de sa terreur, il l'engagea à prolonger son séjour dans Ferdonna, lui faisant redouter une nouvelle tentative de la part du malheureux qui avait dirigé son enlèvement. Rosamaure et sa mère étaient bien faciles à épouvanter sur ce point ; et la jeune personne, sans se l'avouer à elle-même, ne semblait pas fâchée d'une résolution qui la retenait auprès du noble signor.

Cependant, au bout de plusieurs jours, il fallut bien songer à la retraite, et l'heure du départ fut arrêtée à l'aurore suivante. Jules en éprouva la plus vive douleur ; mais l'Amour qui l'agitait ne voulut pas rester tranquille dans son âme ; il lui parla des plaisirs de l'hymen, et le décida à proposer à la belle Rosamaure et sa main et son cœur.

Lorsque ce dessein fut arrêté, Jules alla trouver le pieux chapelain de Ferdonna, son précepteur dans sa jeunesse, et maintenant son ami. « Père, lui dit-il, voilà que le départ prochain de la signora Rosamaure me rend déjà le plus infortuné des hommes; je sens qu'après l'avoir connue il me sera impossible de l'oublier; elle est élevée dans la crainte de Dieu; ses mérites en tout génre se montrent assez; elle est de noble naissance, mais elle manque de fortune : que peut me faire ce dernier article; n'en ai-je pas assez pour nous deux. Que me conseillez-vous de faire ; croyez-vous que je puisse jamais prendre une épouse qui sache mieux répandre les bénédictions du ciel sur ma maison ? »

— « Mon fils, répliqua le châtelain, déjà plus d'une fois j'ai songé au bonheur que goûterait l'époux de cette pieuse fille; aussi je n'aurai garde de vous détourner de votre projet. Elle est pauvre, dites-vous ; ne croyez pas une erreur pareille; on a plus que la richesse quand on apporte en mariage tant de vertus et de si précieuses qualités. »

— « Eh bien! reprit Jules, puisque

vous ne m'êtes pas contraire, vous ne vous refuserez pas à me servir. Allez trouver la vieille signora, faites-lui connaître ma pensée, et dites-lui que je n'ai eu garde de parler à sa fille avant d'avoir obtenu son consentement. »

Le chapelain, charmé d'une résolution aussi sage, partit sur-le-champ pour aller trouver la mère de Rosamaure dans la chambre qu'elle occupait; il s'acquitta de sa mission. On doit croire que la signora ne fit pas de grandes difficultés pour donner un pareil époux à sa fille; et Rosamaure, en apprenant qui l'avait demandée, laissa dans sa rougeur et dans sa confusion virginale, éclater sa modeste joie.

Les diverses parties étant d'accord, Jules, impatient de conclure son bonheur, voulut que la même journée où les signora devaient le quitter fût celle où Rosamaure s'unirait à lui par des nœuds indissolubles; vainement la pudique fille demanda plus de temps pour se recueillir ; ses instances furent vaines ; il lui fallut céder au plus doux empressement. Le vieux chapelain bénit lui-même cette union, et souhaita toutes sortes de prospérités aux deux aimables époux. Certes, mieux que personne ils étaient en droit d'en jouir.

Une si prospère journée s'écoula dans les transports de l'allégresse. Tous les vassaux de Jules, les principaux habitans de Lérici, furent appelés à prendre part à la fête ; partout la joie se montrait ; on enviait la félicité du noble époux ; les femmes mêmes convenaient que Rosamaure, par ses vertus, était digne de la haute fortune à laquelle elle était parvenue.

Cependant la soirée s'avançait ; la mère de la jeune épouse l'appela pour la conduire dans la chambre nuptiale ; deux femmes l'attendaient pour la déshabiller, mais elle ne voulut pas que personne prît cette peine. Tremblante d'amour et de pudeur, elle engagea sa mère à la quitter un instant, la suppliant de retarder quelque peu la venue de son bien-aimé.

Demeurée seule, elle peigna ses beaux cheveux, puis s'agenouillant sur le plancher, elle implora pour elle et pour le baron Jules, la protection du ciel.

Le jeune signor, pendant un peu de temps, respecta la solitude de Rosamaure; mais comme elle se prolongeait, sa patience fut à son terme; il n'hésita plus à entrer dans la chambre où l'appelaient l'amour et les désirs. Il pousse la porte et voit son épouse étendue sur le carreau, baignée dans son sang, et percée de cinq à six coups de poignard. Ses yeux ne contemplèrent pas long-temps ce funeste spectacle, ils se fermèrent; et poussant un cri d'horreur, il tomba inanimé sur le cadavre de l'infortunée Rosamaure.

A cet accent lamentable on accourut, et Dieu peut seul apprécier la grandeur de la tristesse générale. On voulut essayer de rappeler les deux époux à la vie. Hélas! tous les deux étaient allés achever leur union dans le ciel. On prétend que tout-à-coup une lumière éclatante remplit la chambre; que des concerts aériens se firent entendre; et un moine d'un couvent voisin, qui mourut depuis en odeur de sainteté, assura par serment avoir vu cette même nuit, se trouvant en prière sur une montagne assez proche, les âmes de Jules et de Rosamaure s'élever dans le ciel, brillantes de splendeur, et accompagnées d'un cortége nombreux d'esprits célestes.

En cherchant par où les meurtriers avaient pu s'introduire, on découvrit la trappe fatale qui les avait conduits dans le château. On prit des torches pour les poursuivre, on parcourut les profondeurs des souterrains, mais sans découvrir l'issue qui donnait sur la campagne. A la première recherche, le chapelain la connaissait; il ne jugea pas prudent de la montrer à une si grande multitude.

Par la mort du baron Jules, sans

postérité, sa fortune passait tout entière à son frère Astolphe. On lui dépêcha un courrier pour l'en informer; mais nulle part n'était Astolphe; ses gens ignoraient le lieu vers lequel il avait porté ses pas.

Durant quinze jours, on demeura dans cette incertitude; enfin, vers le seizième, un pâtre conduisant son troupeau de chèvres dans la montagne, aperçut un cadavre, vêtu de riches habits, dans le fond d'un précipice. Il en parla, on se transporta à l'endroit par lui indiqué, et l'on reconnut les restes du baron Astolphe, horriblement défigurés, tout meurtris et la tête tordue, ce qui faisait frémir les spectateurs.

Un bruit accusateur s'éleva soudain parmi la foule; on ne douta pas que cet emporté jeune homme ne fût tombé victime de la malice des esprits infernaux. La chose néanmoins, n'eût pas été prouvée sans une révélation qui instruisit le saint religieux dont nous avons déjà parlé, de tous les détails de la vérité, et nous allons les faire connaître.

Astolphe, suivi de son ami Bramante, attendait dans les souterrains de Ferdonna le moment où sa proie lui serait amenée; enivré d'un féroce amour, il comptait les heures, les minutes; cent fois sa vivacité l'amena vers l'embouchure de la caverne; mais ses agens ne paraissaient pas; l'attente était affreuse pour une âme aussi emportée. Enfin le jour brillant sans qu'on arrivât, lui donna la pénible certitude que le coup avait dû manquer; et sans plus vouloir écouter les représentations de Bramante, il voulut lui-même aller à Lérici, pour essayer de découvrir ce qui s'était passé.

Il ne lui fut pas nécessaire de courir aussi loin; car en traversant le chemin, il reconnut les cadâvres des deux brigands, et dès-lors, devina qu'on était parvenu à leur enlever leur victime. Furieux d'un tel événement, redoutant que les bandits ne l'eussent accusé avant de mourir, il ne songea plus à pousser sa route jusqu'à Lérici; et tournant du côté de son château le plus voisin, il fut y attendre ce qui pourrait résulter de cette entreprise si téméraire, et qui avait complètement échoué.

Mais ses craintes étaient vaines, nul ne l'accusait; car on ne pouvait même le soupçonner; il ne tarda pas à voir que ses émissaires en perdant la vie, avaient emporté son secret.

Bramante l'avait quitté, voulant, lui avait-il dit, aller s'informer en personne si Rosamaure était encore tranquille à Lérici. Peu de jours après, il revint : « Je sais tout, dit-il au baron Astolphe, en l'abordant; votre belle vous a été ravie tandis que nos deux hommes vous la conduisaient fidèlement ; et savez-vous quel est celui qui vous prive du bonheur de posséder une si charmante fille, c'est le même dont déjà vous avez tant à vous plaindre.... »

— « Je n'ai pas besoin, s'écria Astolphe,

d'en apprendre davantage; ma haine, en redoublant dans mon cœur, vient de me le nommer ; c'est mon frère Jules.

—« Oui, c'est lui qui s'enrichit de tout ce qui est à votre convenance; il a rencontré les brigands sur son chemin, il les a immolés, a pris Rosamaure avec lui, l'a conduite tout éplorée dans son château de Ferdonna; et pour l'y retenir de manière à ce qu'elle vous soit à jamais ravie, il l'épouse demain matin; et dès-lors il se flatte de jouir près d'elle de ce bonheur que vous n'avez fait qu'entrevoir. »

—« Oh non, dit Astolphe, en laissant errer sur ses lèvres pâles un atroce sourire, oh non ; le bonheur qu'il espère n'est pas encore si certain; il peut épouser Rosamaure, mais il ne la possèdera jamais. »

—« Vous voudriez ? »

—« Va, Bramante, laisse-moi faire ; si tu m'aimes, tu ne m'abandonneras point, et je me charge alors de te procurer la vue d'un spectacle auquel on n'est pas accoutumé dans la Germanie. »

En disant ces mots, Astolphe posa la main sur son poignard, et ses yeux prirent tout-à-coup une expression plus féroce. Bramante ne répliqua que ces mots : *Fais ce que tu souhaites, et sois sûr que je ne te quitterai jamais.* Il dit, et regarde Astolphe avec un regard tellement étrange, que le baron en tressaillit malgré lui.

Ces deux monstres se rendirent pendant la nuit dans les souterrains de Ferdonna par l'issue qui leur était connue; là, ils attendirent patiemment que les fêtes de la noce tournassent à leur fin; alors ils se rapprochèrent de l'escalier par où l'on pouvait parvenir à la trappe, jugeant le moment favorable, et que les nouveaux époux devaient être dans le lit nuptial.

Il est temps, dit Bramante, d'une voix sépulcrale ; en même temps, et pour la première fois, il embrasse le baron, que durant toute la journée, il avait entretenu de tous les détails qui pouvaient augmenter sa fureur.

L'embrassement de Bramante produisit un effet extraordinaire sur Astolphe, ses yeux furent éblouis, la rage inonda son cœur; ce n'était plus un homme, c'était un démon déchaîné. Il soulève la trappe, pénètre dans la chambre, poussé par une fureur que rien ne peut arrêter. O surprise! la vierge est encore seule, son époux ne l'a pas encore approchée. Combien plus le désespoir de Jules en sera grand! ainsi pense ce monstre; et se ruant sur l'innocente beauté, par cinq coups de poignard, en lui arrachant la vie, il donne à son âme le droit d'aller prendre place au rang des esprits bienheureux.

Dès qu'il a vu couler le sang, son délire se dissipe; l'horreur d'un tel crime se présente tout entière à lui, il se recule épouvanté, il veut secourir sa victime; déjà sa voix s'élève pour appeler du secours, pour s'accuser lui-même; mais tout-à-coup, Bramante, qui était resté dans le souterrain, paraît auprès de lui : « Viens, lâche, lui crie-t-il d'une voix tonnante, sortons ; nous n'avons plus rien à faire dans un lieu dont les anges vont s'emparer. »

Il dit, sa forte main saisit Astolphe; il l'entraîne par l'escalier, sous les voûtes profondes, et les fait retentir de ses horribles éclats de rire.

Astolphe en les entendant a connu son compagnon ; il sait déjà quel est celui qui le traîne hors du château ; mais il ne peut se débattre, sa langue s'est glacée par la terreur; sa pensée, confondue, ne sait plus prier; hélas! le malheureux ne se trompait point, la clarté de la lune lui fait apercevoir, en sortant des souterrains, le changement qui s'est opéré dans les traits de Bramante : ce n'est plus un homme, c'est Satan lui-même avec toute sa malignité.

« Viens, crie-t-il encore à Astolphe; tu m'as demandé de rester toujours avec toi, je te l'ai promis, je tiens ma parole; viens, mon digne émule, partons pour des lieux où nous ne nous quitterons jamais. »

Il achève, et sa main puissante arrache la vie au coupable, abandonné de son ange gardien, et puis il lance dans un abîme le corps, dont il a ravi sans retour l'ame destinée à d'insupportables, à d'éternels tourmens. —

On ne voulut pas donner une sépulture sainte aux restes du misérable Astolphe ; ils furent inhumés tout auprès de l'ouverture de la grotte, non loin du précipice où on les avait trouvés, tandis que le chapelain de Ferdonna, ayant béni une des salles souterraines, y déposa avec grande pompe le corps des deux époux. Depuis, ce lieu a été choisi de préférence par les seigneurs de Ferdonna pour être celui de leur sépulture.

Un an, jour pour jour, après ce funeste événement, et durant le calme de la nuit, d'épouvantables clameurs furent entendues dans *la chambre du meurtre* (Ce nom avait été donné par la commune voix à la pièce où périrent Rosamaure et son époux); une terreur soudaine se répandit dans le château. Dès-lors, il se fit nuitamment dans cette chambre d'étranges bruits; on entendait d'affreux blasphêmes ; on y voyait briller des flammes sulfureuses ; et parfois des ombres sanglantes en franchissaient le seuil. Vainement des prières furent faites, vainement des exorcistes célèbres essayèrent d'en chasser les êtres surnaturels qui s'en étaient emparés; leur piété, leurs prières furent inutiles; on sut que ces apparitions dureraient tant que le château de Ferdonna existerait sur ses fondemens inébranlables.

Ainsi l'ordonnait la volonté du Tout-Puissant, afin que ce prodige perpétuel, jetant dans les cœurs une crainte salutaire, les empêchât de se livrer à de pareils excès par lesquels la race du vieux baron de Ferdonna avait été anéantie.

Et généralement on attribuait au refus que ce seigneur avait fait de faire aucun don aux églises ou aux prêtres, quêtant en Europe pour le saint sépulcre, l'arrêt qui détruisit sa postérité.

Nous avons jugé convenable d'écrire cette lamentable histoire, afin que sa lecture pût profiter au pécheur. Il verra que le démon rôde sans trêve autour de nos âmes, pour les exciter au péché, et que s'il ne nous apparaît pas sous la forme d'un autre Bramante, il n'en a pas moins d'habileté pour allumer en nous le feu terrible des passions. Ainsi soit-il.

CHAPITRE XXXII.

Durant tout le temps que le marquis Francavilla mit à lire cette singulière histoire, il jeta souvent un regard involontaire sur la partie du parquet où était placée l'ouverture du fatal souterrain. Son rare courage lui permit également de s'applaudir d'avoir choisi le moment d'une belle journée pour effectuer cette lecture; car en présence du soleil, il avait peine à contenir quelque effroi superstitieux; et pour se remettre un peu de l'émotion causée par ce bizarre manuscrit, il se plaça à son balcon en admirant le tableau vraiment magique offert par le golfe de la Spezia et par les montagnes dont il était environné.

Ce magnifique spectacle rassura un peu ses sens. Il regardait avec plaisir les bateaux de pêcheurs voguant sur les flots à l'aide d'une brise légère ; un calme profond régnait dans la nature, et rien ne lui rappelait les fureurs du Libeccio impétueux, qui avait peut-être été la cause de la venue de Rosamaure dans le château de Ferdonna.

Cependant le récit mystérieux qu'il venait de parcourir lui donna l'extrême envie de descendre dans le souterrain. Il se plaisait dans la pensée d'aller errer dans ces voûtes inconnues, où peut-être on ne pénétrait que pour y conduire le corps inanimé de quelque seigneur de Ferdonna. « Hélas, se disait-il en lui-même, un jour, sans doute, mon Luiggi viendra également occuper une place non loin de celle où repose sa mère : puissé-je ne pas lui survivre ! il me paraîtrait trop affreux d'avoir à pleurer sur son tombeau. »

Ces tristes idées, par une pente insensible et naturelle, ramenèrent Lorédan au souvenir de ses peines. Ses bras posés sur l'accoudoir de marbre du balcon, sa tête posée sur ses mains, il ne laissait plus errer ses regards distraits dans le riche paysage déroulé devant lui concentré dans sa propre douleur, c'était le passé qui venait le troubler et l'assaillir.

Quel pouvait être le terme marqué pour la fin de ses malheurs ? pouvait-il se flatter de l'entrevoir dans cet avenir si incertain, si obscur ? à quelle époque serait-il l'époux heureux de la jeune duchesse Ambrosia ? Hélas ! il ne le savait pas, tout était pour lui indécis ; un seul point lui paraît fixe, la haine de ses ennemis, et le pouvoir qu'ils possédaient pour lui nuire.

Tristes présages d'un sort fâcheux, vous veniez tous vous présenter en foule; vous environniez le cœur de Lorédan de vos poignantes douleurs; il ne voyait dans la vie que des infortunes, et sa bouche n'osait plus répéter les paroles flatteuses du rêve de la nuit dernière, quand il entendait les anges en l'entourant lui crier : *Pour toi, marquis Francavilla! pour toi.*

Tandis que plongé dans ces rêveries pénibles il oubliait la nature, le soleil descendait rapidement vers l'horizon, où la mer, agitée par un souffle de vent, présentait sur chaque flot une mine de diamans ; et malgré lui, le marquis dut faire attention à la pompe de cette scène admirable. La vue du coucher du soleil lui rappela des vers composés naguère par un poëte célèbre de la Sicile, et sa bouche s'ouvrit pour les répéter, espérant, en songeant à de gracieuses images, oublier ce que ses idées avaient de douloureux.

Vers la mer atlantique, orbe immense et brûlant,
Le soleil a tourné son char étincelant ;
De ses mille rayons, les vagues colorées
Pressent vers l'horison leurs montagnes pourprées ;
Les nuages, flottant au gré des vents fougeux,
S'étendent parsemés d'or, d'opale et de feux.
Mais l'Océan s'entr'ouvre, et les coursiers rapides
S'y plongent aux doux chants du chœur des Néréides

De revoir son époux, Thétis conçoit l'espoir,
Et l'hymen l'embellit de la pompe du soir ;
Alors, belle Vénus, ton étoile brillante
Verse pour les amans ta clarté scintillante.
Bientôt l'ombre s'avance, et du sommet des airs,
De son voile de deuil couvre tout l'univers.
L'oiseau, moins babillard, se tait sous le feuillage ;
Seul, le vif rossignol module un doux ramage,
Et d'un gosier flexible entonne les chansons
Qui forment aux concerts ses jeunes nourrissons.

La lune, s'inclinant de son trône d'albâtre,
Par ses traits lumineux blanchit l'onde bleuâtre.
Oh ! qu'il est doux alors, à cette heure de paix,
D'errer silencieux sur le gazon épais,
De rêver à l'amour ; et plus heureux encore,
De presser dans ses bras la femme qu'on adore.
Souvent, il m'en souvient ; quand aux plaines des cieux
Le soir guidait son char sombre et silencieux,
Je volais, escorté des jeux, de la folie,
M'asseoir sous un tilleul près de ma douce amie.
Là, ma lyre à la main, de myrte couronné,
Je chantais les beaux arts ou mon sort fortuné ;
Chloris tressait pour moi, nonchalament penchée,
Les fleurs dont alentour la terre était jonchée,
L'œillet, se nuançant de pompeuses couleurs,
Et le lys et la rose aux suaves odeurs.
Cependant je chantais.... De la forêt prochaine,
Les dryades en chœur s'avançaient dans la plaine ;
Le sylvain amoureux, le faune turbulent,
Des jeunes déités trompaient l'œil vigilant ;
Et puis tous s'unissant en cohorte légère,
Dansaient à mes accords sur la molle fougère.

Quelquefois accablé d'un bonheur sans pareil,
Goûtant le plaisir pur d'un tranquille sommeil,
Mes vœux étaient comblés par un aimable songe,
Et l'amour en riant me versait le mensonge.

Francavilla, tout entier au nouvel enthousiasme qui l'entraînait, allait poursuivre encore le récit de cette fraîche idyle, lorsqu'il fut tiré de ses transports par le contact d'une main qui se posa sur son épaule. Ce mouvement le tira de son enchantement ; le souvenir des récits du manuscrit s'offrit promptement à son imagination ; il frémit, et se retourna presque convaincu qu'il allait voir devant lui, ou le fantôme de Rosamaure, ou celui du baron Astolphe ; mais il se trompait, ce fut le châtelain qu'il aperçut.

— « Pardon signor, dit Altaverde, si je vous dérange de votre contemplation ; mais je rentre de mes courses champêtres, mon appétit s'est éveillé, et je venais vous demander si vous ne jugeriez pas convenable de passer dans la salle à manger. »

Lorédan parut très-disposé à partager le même empressement, et tous les deux furent au lieu destiné à prendre les alimens journaliers. Durant le repas, Francavilla gardait un profond silence; le châtelain en demeura surpris.

— « Gageons, signor, dit-il, que je devine ce qui vous occupe; vous rêvez au manuscrit curieux que je vous ai remis tantôt. Il est vrai de dire que facilement il doit porter à la mélancolie; car on trouve rarement une histoire aussi singulière et autant effrayante; elle produit sur tous ceux qui l'ont parcourue un effet pareil, et je ne me soucie guère non plus de la prêter. D'ailleurs, comme je vous l'ai dit, ils ne sont pas nombreux ceux qui la demandent. »

Lorédan, n'ayant pas formé le projet de prendre le châtelain pour son confident, ne fut pas fâché de le voir se tromper sur la cause première de sa mélancolie; il feignit d'entrer dans son sens.

«Oui, dit-il; je ne le cacherai pas, la catastrophe dont ce château a été le théâtre, m'occupe bien plus que je n'eusse pu le croire, et je déplore la fin cruelle des chastes amours de ces malheureux époux.»

—« Et sans doute, répondit Altaverde, vous vous souciez moins que jamais d'occuper leur chambre. Je vous l'ai déjà offert, signor, si vous voulez, vous n'avez qu'un mot à dire, et je vous en ferai préparer une autre.»

— « Je crois également vous avoir annoncé, repartit Lorédan, en essayant de sourire, que ma crainte ne va pas aussi loin. Voilà quatre cents ans passés depuis cette tragique aventure, et j'espère que la penitence du baron Astolphe tire peut-être à sa fin; aussi dormirai-je dans la salle du meurtre avec une tranquillité..... *pareille à celle dont j'ai joui durant la nuit dernière*, allait-il dire;» mais il s'arrêta avant d'avoir prononcé ces dernières paroles; car il se rappela son rêve et l'émotion qu'il avait produite sur son cœur.

Le châtelain occupé à vider son verre, qu'il venait de remplir, ne fit pas attention à la suspension de la phrase de Lorédan ; il se contenta de lui dire en s'inclinant : « il en sera, signor, au gré de votre volonté; n'en parlons plus, puisque mon offre vous contrarie. »

Lorédan peu de temps après se retira, et ce ne fut pas sans trouble qu'il se retrouva dans sa chambre ; vingt fois en se déshabillant, il crut voir devant lui le baron Astolphe frappant de son poignard le beau sein de l'infortunée Rosamaure ; le même prestige le suivit quand il se fut couché, mais il trouva un secours contre ses pénibles illusions dans ces paroles consolatrices, *pour toi, marquis Francavilla! pour toi.*

Assurément si quelque vision affreuse s'était offerte à lui pendant la durée de la nuit, il n'eût pas manqué de dire qu'à l'avance il en avait eu le pressentiment;

mais son repos fut paisible, et la seule clarté du jour le chassa de son lit. Il se leva de bonne heure, et pour se distraire il voulut aller à la chasse. Altaverde lui donna deux guides pour lui aider à se démêler des sinuosités de ces montagnes isolées; ils le conduisirent aux lieux où le gibier se trouvait avec le plus d'abondance.

Cette vie active fut utile à la santé de Francavilla; il supporta plus patiemment la solitude de sa retraite, et plusieurs jours se passèrent ainsi.

Dans une matinée où le châtelain était venu lui annoncer qu'il irait à Lérici pour n'en revenir que bien avant dans la soirée, Lorédan se décida à rester au château. Le ciel était brumeux, d'épais brouillards enveloppaient la cime des hautes collines du golfe, et par conséquent, il y avait peu d'espoir de faire une bonne chasse.

Le marquis, lassé de se promener dans les galeries de Ferdonna, rentra vers le midi dans sa chambre. En y mettant le pied, il lui vint tout-à-coup à la pensée de consacrer les heures où il était assuré de se trouver seul, à descendre dans les souterrains, que depuis sa venue dans le château il avait envie de visiter. Il commença par garnir soigneusement sa lampe, afin qu'elle ne s'éteignît pas; il en alluma les quatre becs, se munit d'un briquet et d'une fiole d'huile, puis ceignit son épée et marcha vers le souterrain.

Il commença par faire jouer la feuille du parquet sous laquelle se trouvait la trappe, et agita avec vigueur les verroux qui la refermaient. On se rappellera que la première fois qu'il l'avait trouvée, nous dîmes qu'il répandit sur les verroux une partie de la liqueur onctueuse contenue dans sa lampe. Ce soin avait réussi à merveille; l'huile pénétrant dans les interstices du fer avait combattu l'action de la rouille, et la trappe ne tarda pas à être mise en mouvement.

Francavilla descendit lentement l'escalier étroit qui se trouvait par-dessous, et compta cent douze degrés avant d'être parvenu au dernier. Là, il se vit dans une longue allée haute et large, exempte d'humidité, et ayant pour pavé un sable brillant et fin; il prit cette route sans s'écarter dans plusieurs branches du souterrain qui venaient se rattacher à la branche principale.

Ayant cheminé à peu-près un quart-d'heure, le marquis découvrit enfin sur la droite quatre colonnes de marbre noir, qui formaient un péristile placé au devant d'une salle très-grande, et garnie dans toute sa circonférence de tombeaux plus ou moins décorés. Là, on voyait des chevaliers armés de toutes pièces, agenouillés ou debout sur leur dernière demeure; des dames somptueusement vêtues, conservant encore, lorsque leurs restes n'étaient plus qu'une froide poussière, l'orgueil de leur vie passée ; car elles se présentaient aux regards avec les mêmes parures, les mêmes magnificences qui tourmentèrent leurs jours. Des inscriptions fastueuses semblaient devoir assurer l'immortalité à des noms qui étaient oubliés même de leurs plus proches; le temps avait tout englouti; et dans ces voûtes lugubres se conservaient seulement des souvenirs du passé; car de toute part on lisait ces paroles sinistres : *ils furent, ils ont vécu.* Rien n'était là pour le présent, hors le seul Francavilla, qui debout, sa lampe à la main, contemplait avec une émotion silencieuse le théâtre du trépas, où les vanités humaines essayaient de jouer leur dernier rôle.

Parmi cette foule de mausolées, Lorédan chercha avec empressement celui où devait reposer la mère de Ferdinand et de Luiggi; il le trouva facilement, l'ayant cherché dans le rang des plus somptueux. Cette noble princesse y était représentée près de se séparer de ses enfans. Le marbre semblait animé; il exprimait toute la douleur maternelle, et en même temps la parfaite espérance en la bonté du Tout-Puissant; des bronzes précieux, des pilastres de porphyre, des urnes de riche matière achevaient la parure de ce tombeau; mais Lorédan les remarquait à peine, il ne songeait qu'à la mère de ses amis.

« Hélas! se disait-il tandis qu'appuyé contre un sphinx de bazalte, il regardait ce triste lieu, si elle eût vécu plus long-temps, cette excellente femme, que Valvano paraissait idolâtrer, sans doute elle eût réussi à dompter ses passions, elle se fût interposée entre lui et le crime, il serait encore vertueux, il serait toujours mon ami. »

Un bruit léger le tira de sa rêverie, il regarda autour de lui, et découvrit plusieurs chauves-souris habitantes de ces ténébreuses demeures, qui, effrayées à l'aspect d'une clarté qui leur était inconnue, volaient rapidement çà et là, tantôt se reposant sur l'épée d'un chevalier, et tantôt se cachant sous son bouclier, à demi rompu.

Francavilla, rassuré sur la cause du bruit qu'il avait entendu, voulut poursuivre ses recherches, et trouver également la tombe élevée à la mémoire du baron Jules de Ferdonna et à celle de la vierge Rosamaure. Il parvint facilement à la rencontrer; elle était placée au milieu de la salle; c'était un simple bloc de marbre élevé de deux pieds au-dessus du sol; deux statues couchées celles des deux époux, en faisaient tout l'ornement. Lorédan crut découvrir dans la figure de Rosamaure tous les traits de son ancienne beauté; long-temps il la contempla en silence, et puis se décidant à partir, il s'agenouilla une seconde fois, pria d'abord pour les trépassés, et puis invoqua Rosamaure, en la suppliant d'être sa protectrice auprès du Tout-Puissant. Il la conjurait avec tant de ferveur, son imagination agissait avec tant de force dans le sanctuaire de la mort, qu'il lui sembla voir se remuer les lèvres de marbre de la statue, et les entendre prononcer : *Pour toi, marquis Francavilla! pour toi.* En même temps un vent léger s'éleva autour de lui, et un bruissement doux, mais inconcevable, se fit entendre dans les environs.

Lorédan, immobile et toujours les mains jointes, demeurait à genoux; il ne doutait pas que sa prière n'eût été exaucée; il espérait que Rosamaure viendrait l'en assurer elle-même, et il ne quitta sa place qu'après s'être bien convaincu que l'ordre naturel n'était plus troublé, et que les ombres des morts étaient silencieuses comme la profonde nuit dans laquelle elles erraient.

N'ayant plus rien qui le retînt dans cet endroit effrayant, il rentra dans l'allée principale, voulant la suivre jusqu'à son extrémité ; un murmure sourd d'abord, mais qui devenait plus éclatant à mesure que Francavilla en approchait, l'engagea à entrer dans une voûte latérale, pour aller vérifier la cause de ce tumulte, contrastant si bien avec le calme du reste de ces profondes cavités. Il n'eut garde de lui assigner une cause extraordinaire; car à l'avance, il reconnaissait le fracas occasioné par la chûte d'un torrent, et ne se trompait pas dans ses conjectures. Il arriva dans une place immense, enrichie d'une foule de stalactites plus brillantes les unes que les autres, et dans lesquelles la nature s'était plu à déployer toute sa magnificence ; au fond et des rochers supérieurs, tombait une nappe d'eau, surprenante par ses dimensions, qui se précipitait dans des cavernes inférieures, où l'eau s'engouffrait avec un fracas horrible, et de-là, sans doute, allait se perdre dans la mer. Le golphe de Spezia baignait la montagne, au sein de laquelle ces cavités étaient creusées.

Lorédan eût bien voulu s'avancer davantage, pour examiner tout à son aise cette magnifique cascade ; mais elle lançait autour d'elle une pluie fine et perpétuelle, dont quelques gouttes tombant déjà dans la lampe de notre héros, la faisaient pétiller. Il craignit qu'elle ne vînt à s'éteindre; et l'embarras de se trouver en ce lieu privé de lumière pour en éclairer les détours, le contraignit à se retirer.

Ce ne fut pas néanmoins sans peine qu'il parvint à trouver l'issue qui devait le tirer de cette espèce de labyrinthe, dans lequel il s'était engagé en quittant la route principale ; aussi lorsqu'il y fut revenu, il se promit de ne plus écouter son imprudente curiosité.

Quoique certain d'être le seul homme qui errât dans les souterrains, il n'en était pas moins de temps en temps surpris par une terreur imprévue. Une goutte d'eau filtrant au travers d'un lit de gravier, une chauve-souris passant rapidement à la hauteur de sa tête, étaient les causes involontaires de ces momens d'effroi ; car le silence, les ténèbres et les espaces profonds creusés dans les entrailles du globe, ont en eux quelque chose de naturellement solennel et effrayant, qui vient glacer le cœur le plus intrépide, quand il est abandonné seul dans leurs vastes étendues.

La course de Lorédan le conduisit enfin parmi des rochers amoncelés comme au hasard, et détachés de la voûte depuis des siècles par un tremblement de terre ; c'était au milieu de leur confusion, que devait être l'ouverture secrète aboutissant dans la campagne ; une croix gravée sur une pierre l'annonçait, tant de l'intérieur que de l'extérieur ; et le marquis se rappelait trop bien ce signe, dont Ferdinand lui avait parlé tant de fois, pour l'oublier. Il s'attacha à le trouver ; et après de longues recherches, il parvint à le rencontrer.

Dès-lors, il ne lui resta plus qu'à ébranler la pierre elle-même. Ce ne fut pas sans peine qu'il réussit ; elle était liée de tout côté par de la terre végétale, par de la mousse qui s'y était glissée. Cependant à force de travailler, le marquis vint à bout de la remuer. Il la déplaça ; et ayant passé par le trou qu'elle laissa, il se vit en plein air, mais au fond d'une espèce de précipice dont on ne pouvait sortir qu'en s'attachant aux anfractuosités de la montagne. Il n'était pas arrivé si loin pour s'arrêter en si beau chemin. Il franchit légèrement les aspérités du terrain ; et élevant un peu plus la tête, il aperçut, en récompense de ses travaux, le ciel embrâsé des feux du jour et l'admirable e rspective offerte par la vue du golfe.

Quoique déjà, de son balcon, Lorédan eût pu jouir de ce spectacle, il n'eut pas moins l'empressement d'y porter ses regards, le trouvant chaque fois digne d'arrêter son attention. Il s'occupa ensuite de se bien fixer sur le lieu où il était ; et d'un coup-d'œil il découvrit les sentiers escarpés par lesquels il devait aller rejoindre la route de Lérici à Sayanne, s'il lui plaisait un jour de quitter le château par cette voie.

Cependant comme le soleil penchait déjà vers l'occident, il songea à rentrer dans le souterrain, pour regagner sa demeure ; il le fit avec plus de contentement, tant est grand dans l'esprit de l'homme ce besoin d'indépendance, si vivement senti au milieu de toutes les entraves que lui donne la société.

Certes aucune crainte ne tourmentait Lorédan ; il se croyait parfaitement libre dans l'enceinte du château de Ferdonna, et néanmoins il se complaisait dans la pensée que désormais, à quelque jour à quelque heure qu'il voulût, il pourrait se satisfaire sans qu'il dépendît du caprice ou de la bonne volonté du châtelain.

En descendant par le précipice, dans la grotte cachée, il eut grand soin de ne pas faire de faux pas qui eussent pu exposer sa vie; puis, parvenu à cette espèce d'entonnoir, il remit la pierre sous l'ouverture secrète et retrouva sa lampe, qui brûlait encore dans le coin où il l'avait déposée, en dedans des rochers amoncelés dont nous avons déjà parlé. Son secours lui fut encore plus utile en ce moment, qu'ébloui par l'éclat du jour, ses yeux avaient plus de peine à s'accoutumer à l'épaisseur des ténèbres.

Il laissa loin de lui la cascade magnifique, se proposant un jour, à l'aide de deux torches, d'aller la voir avec plus d'attention et avec moins de danger; mais malgré son envie de rentrer dans le château, il ne put s'empêcher de jeter un regard sur les allées latérales qui s'ouvraient de temps en temps dans le passage principal, et dont une le conduisit dans une grotte d'une médiocre étendue, où la lumière de sa lampe, le laissa apercevoir un lit, deux chaises, plusieurs vases placés en ce lieu comme si tout nouvellement on avait voulu s'en servir;

et même sur le plancher il vit une sandale qui paraissait être sortie presque tout à l'heure du pied qu'elle chaussait....

Lorédan s'arrêta, il n'était plus tranquille ; car il pouvait ne plus être seul dans les souterrains, et d'homicides brigands, ayant pour en sortir une issue qui lui était inconnue, en avaient peut-être fait l'asile de leurs crimes. Pendant quelque temps, il prêta l'oreille comme pour écouter si quelqu'un ne venait pas à lui ; mais un silence profond régnait toutes les fois que lui-même n'en troublait pas le repos.

S'encourageant, il approcha davantage de la sandale, ayant l'intention de la lever de terre, pour l'examiner de plus près ; mais en la touchant, il fut étonné de la résistance qu'elle lui opposa; il abaissa sa lampe pour en connaître la cause, et, à son grand contentement, il reconnut qu'elle devait être sur cette pierre depuis des siècles ; car elle était entièrement cristallisée. Il en était de même de tout le reste des meubles; ils avaient subi par l'effet du temps une métamorphose placée au rang des merveilles de la nature: leur pétrification avait eu lieu.

Mais Lorédan était loin de connaître la cause de ce qui paraissait à ses yeux un véritable prodige; son imagination lui rappela tout-à-coup les récits du manuscrit contenant l'histoire de Rosamaure; il crut être venu dans la grotte qui aurait dû voir se consommer les malheurs de cette vierge infortunée, si le baron Jules ne fût venu à son secours, et cette sandale ne pouvait-elle pas être celle du coupable Astolphe, ou bien, ô terreur plus grande, celle de l'être!...

Francavilla se recula en frémissant. « Eh! quoi, dit-il, la Providence aurait-elle voulu conserver par un miracle ces objets inanimés pour être le témoignage d'un forfait exécrable, et la preuve qu'il en avait tiré une juste punition. »

En disant ces mots en lui-même, il acheva de se retirer; il vit qu'un quartier de pierre tombé depuis peu avait ouvert cette caverne dont jamais Valvano ne lui avait parlé ; et peu charmé de l'avoir le premier trouvée, il s'en éloigna promptement, croyant voir s'agiter autour de sa tête l'éternel ennemi de la création, qui lui montroit sa tête hideuse et grimaçante au milieu des fentes du rocher.

La route de Lorédan le ramena dans la salle des tombeaux, et là il se crut plus en sûreté, ne doutant pas que des anges de paix ne dussent habiter cette enceinte. Il s'y arrêta pour bannir la profonde impression que son cœur ressentait; une courte et fervente prière ranima son âme abattue; et enfin ayant atteint et monté l'escalier qui le ramenait dans le château, il ferma la trappe, replaça le parquet, et voyant les dernières clartés du jour, il se félicita d'être revenu sain et sauf de son ténébreux et périlleux voyage.

CHAPITRE XXXIII.

Laissons pour un peu de temps le marquis Francavilla à la veille de voir l'événement le plus extraordinaire se développer autour de lui, et reportons-nous au château d'Altanéro, après qu'il l'eut quitté pour obéir au message du roi.

La belle Ambrosia, plongée dans un vif désespoir, qui augmentait encore ses souffrances, perdit, après le départ de Lorédan, le courage factice qu'elle avait montré devant lui; d'abondantes larmes vinrent la secourir, et toute la journée elle se trouva d'une extrême faiblesse. Le duc son père ne la quitta pas; il chercha par ses tendresses à la consoler, à donner un autre cours à ses idées, à lui montrer l'injustice de sa douleur. « Car enfin, lui disait-il, êtes-vous pour toujours séparée de votre amant? son absence doit-elle être éternelle? Huit ou dix jours, voilà, mon enfant, tout l'espace de temps qui l'éloignera de nous; il reviendra plein d'amour et d'impatience. Avertis l'un et l'autre par ce qui nous est arrivé, nous prendrons mieux nos mesures, nous veillerons de telle sorte, que la malice de ses ennemis en sera déjouée; et j'ose, mon enfant, pour prix d'une légère attente, vous promettre des années de bonheur. »

Le marquis Mazini, en se présentant, rompit cette conversation. La moindre chose troublait ce bon seigneur; il trouvait étrange que les officiers du roi et le détachement des troupes royales ne partissent point pour Palerme; leur retard le tourmentait; il venait auprès du duc Ferrandino pour le consulter sur ce qu'il y avait à faire dans la circonstance, ajoutant que dans tout cela il voyait un mystère qui ne lui présageait rien de bon.

—« Je ne partage pas vos craintes, répondit celui qu'il interpellait; il n'est pas si extraordinaire que le héraut et les siens désirent faire dans Altanéro un séjour momentané; ils sont venus à marches forcées de Messine, leurs montures doivent être fatiguées, peut-être eux-mêmes ont-ils besoin de repos. »

«Cela serait à merveille et me paraîtrait le plus simple du monde, si l'on ne me rapportait qu'ils examinent avec attentions les fortifications du château; s'ils ne s'informaient pas avec un soin minutieux du nombre de nos gens d'armes, de nos moyens de défense. Toutes ces actions ne me semblent pas naturelles ; je soupçonne quelque complot quelque nouvelle trame, et le voyage de mon neveu est loin de me rassurer. Dans tous les cas, comme il m'a confié le soin de ses intérêts, je veillerai à ce que rien ne les compromette; déjà mes ordres sont donnés, et l'on me trouvera prêt à tout événement. »

—« Il ne m'appartient pas, dit le duc, de vous dicter votre conduite; mais je ne craindrai point de vous recommander d'agir avec beaucoup de prudence en une rencontre pareille; il serait peut-être désavantageux pour le marquis Lorédan que les officiers de notre monarque rendissent compte à celui-ci de la méfiance avec laquelle vous les accueillez. »

Ce discours sage ne convainquit pas Mazini; il ne jugea pas convenable de faire connaître sa crainte principale; elle provenait moins du roi Fréderic que des Frères-Noirs: ceux-ci étaient les objets premiers de ses inquiétudes, il ne rêvait qu'à eux, à leurs machinations, et chaque regard un peu étrange lui semblait être dirigé sur lui par un habitant du monastère de Santo-Genaro; aussi rien n'approchait des minutieuses précautions qu'il prenait pour ne pas se laisser surprendre.

Ambrosia avait écouté cette conversation ; et loin de partager la sécurité de son père, elle se rangea, en digne amante, à l'opinion du marquis Mazini, et comme lui, elle connut des terreurs inconsidérées; aussi fallut-il que le duc cherchât à la rassurer quand l'oncle de Lorédan les eut quittés.

Le reste de la journée se passa tranquillement ; plusieurs convives prirent congé des parens de Francavilla ; ils repartirent pour leurs terres, en promettant de revenir lorsque la nouvelle époque des noces serait fixée; et à chaque moment le pont-levis était ébranlé sous les pas des chevaux qui le traversaient. Peu de personnes demeurèrent dans le château. Le duc ne voulant pas s'éloigner de sa fille, pour laquelle sa tendresse était extrême, demanda au marquis Mazini la permission de ne point paraître dans la grande salle d'assemblée, et resta constamment dans la chambre d'Ambrosia.

Le soir survint dans ces entrefaites, et amena avec lui un nouvel événement : l'appartement où l'on avait conduit la jeune duchesse, lorsque la veille elle parut incommodée, était le même, le lecteur doit se le rappeler, dont autrefois les princes de Montaltière avaient fait leur habitation, et qui était demeuré comme abandonné par la délicatesse de Lorédan. C'était cet appartement que celui-ci et Amédéo avaient traversé à diverses reprises pour descendre dans les souterrains du château; et non loin de la chambre où se trouvait le lit d'Ambrosia, était ce cabinet dans lequel on rencontrait la porte qui conduisait aux voûtes inconnues à la plus grande partie des commensaux d'Altanéro. Nous avons cru devoir rappeler ces détails, afin de faire mieux comprendre le récit que nous allons rapporter.

Les gens du duc, les femmes d'Ambrosia étaient sortis pour aller prendre leur part du repas du soir; Ferrandino se promenait dans la chambre; et Ambrosia, encore lasse, se reposait sur un fauteuil, lorsqu'on entendit frapper deux fois à la porte intérieure, celle qui donnait passage pour se rendre dans le cabinet.

Le duc fut surpris de ce bruit; il s'arrêta sans rien dire; on le répéta une seconde fois. « Entrez, dit-il, qui peut nous demander?... »

Mais il n'acheva pas sa phrase; car la porte venant à s'ouvrir, il se présenta à ses regards, comme à ceux d'Ambrosia, une femme qui pouvait avoir à-peu-près une vingtaine d'années, et de qui la merveilleuse beauté était encore rehaussée par tout l'éclat d'une somptueuse parure. Le père et la fille poussèrent l'un et l'autre une exclamation rapide, arrachée par leur étonnement, et Ambrosia se leva du siége sur lequel elle était assise.

Leur premier regard leur apprit que cette dame n'avait point paru au nombre de celles attirées à Altanéro par les cérémonies du mariage, et dès-lors, leur curiosité fut grande de savoir qui elle pouvait être, et comment, surtout, elle s'était introduite dans l'intérieur de l'appartement. Elle ne les laissa pas longtemps dans le doute, et commença la conversation en ces termes.

— « Ne me trompé-je point, signor; est-ce bien au duc de Ferrandino et à sa noble fille que je parle? »

— « Oui, madame, répliqua le duc; vous n'êtes point dans l'erreur. »

— « Eh bien, signor, reprit la dame inconnue, ne pourrai-je vous entretenir un moment sans craindre d'être aperçue d'un œil indiscret. »

— « La chose est facile, répondit Ferrandino, et je suis disposé à vous satisfaire. Il dit, court à la porte principale de l'appartement, et la ferme avec soin.

Tandis qu'il faisait ce mouvement, Ambrosia continuait de regarder avec avidité cette inconnue; rien ne lui échappait, ni ses beaux traits, ni l'oppression de son sein, ni une certaine expression mélancolique répandue sur toute sa personne; et sans pouvoir définir quelle cause excitait en elle un sentiment de répulsion qui la portait à haïr cette étrangère; celle-ci, à son tour, la regardait attentivement, et par fois elle cherchait à contenir une peine secrète qui, à la vue de la belle Ambrosia, paraissait vouloir lui échapper.

Cependant le duc revint. « Me voilà prêt à vous entendre, signora, lui dit-il, et à l'avance je ne vous dissimulerai pas que ma curiosité a besoin d'être satisfaite, et que je brûle de connaître le motif qui vous a conduite devant nous aussi inopinément. »

— « Il est grave, il est important sans

doute; répliqua l'étrangère, car il doit décider du bonheur de votre fille ou du mien. » Ces paroles mystérieuses, prononcées d'un ton concentré, firent tressaillir Ambrosia et agitèrent le duc lui-même. » Signora, dit-il, ce discours est étrange, et je vous prie de ne pas tarder à l'expliquer. »

— « Je suis venue ici pour le faire, dit la dame inconnue; j'ai trop besoin de faire luire la vérité, pour songer à la déguiser. » En achevant ces paroles elle se plaça dans un fauteuil qu'on ne lui offrait pas; car le duc et sa fille étaient demeurés debout, et s'adressant à l'un et à l'autre: « Duc Ferrandino, reprit-elle, duchesse Ambrosia, vous voyez en moi la nièce de Lusignan, roi de Chypre, la princesse Palmina. »

Ces mots dits d'une voix imposante, les deux auditeurs se lèvent en témoignage de respect; mais un seul signe de la princesse les engage à reprendre leurs places et à garder un profond silence, que le duc avait grande envie de rompre.

« Avant d'aller plus loin, dit la princesse, il m'importe que vous soyez bien convaincus de la réalité de la révélation que j'ai faite, et j'ose en croire évidentes les preuves contenues dans ces papiers. » En même temps, elle sort de dessous sa robe une liasse de parchemins, tous revêtus des sceaux les plus authentiques, et que Ferrandino connaissait parfaitement. Il voulut refuser de les visiter, mais la princesse l'ayant exigé, il se vit contraint de le faire; elle y avait joint plusieurs riches bijoux d'un très-grand prix, devant également servir à constater la supériorité de sa naissance.

Lorsque le duc eut acquis la conviction intime de la haute extraction de l'étrangère, il recommença à vouloir lui parler de ses respects. « Je ne vous les demande pas, reprit la princesse, je ne réclame de vous que de l'indulgence et de l'équité; maintenant, écoutez-moi;

vous allez entendre le plus surprenant de tous les récits.

« Élevée au sein de la cour du roi, mon oncle; environnée de toutes les séductions de la grandeur, je vivais tranquille, attendant sans impatience que ma main fût demandée par quelque prince chrétien. Mes jours se passaient dans de continuelles fêtes; on vantait mes faibles attraits; les malheureux ne se plaignaient pas d'une fierté qui n'allait pas jusqu'à les priver de mes largesses; je pouvais me croire heureuse, car je ne désirais rien, et mon avenir ne me présentait aucune apparence d'infortune.

» Aveugle que j'étais! je me confiais en ma fortune, et ma fortune était près de m'abandonner, et l'audace d'un téméraire allait flétrir ma gloire et me dévouer à d'éternels malheurs.

» Sur ces entrefaites, il parut à la cour du roi, mon oncle, un noble Sicilien qui, à la fleur de son âge avait, disait-il, formé le projet d'aller en pélerinage à la Terre-Sainte, où il voulait visiter ces lieux devenus sacrés par les mystères qui s'y étaient accomplis. Le baron Ferdinand Valvano, ainsi s'appelait-il, ne tarda pas à se montrer avec distinction parmi les seigneurs cyp~~~~. Le roi Lusignan l'accueillit avec amitié, l'engagea à toutes les fêtes qu'il donnait, et bientôt le baron Valvano fut introduit dans l'intimité de la famille royale.

« Je vis avec indifférence ce seigneur, dont néanmoins on vantait par-tout le mérite; je le jugeais mieux que tous les autres, car sa gaîté me paraissait peu naturelle; sa loyauté feinte et sa générosité n'étaient, selon mes faibles lumières, que le résultat d'une envie immodérée de briller au premier rang.

« Ainsi donc, loin de l'accueillir avec cette familiarité peu convenable qu'avait pour lui le reste de mes proches, je m'éloignais de lui sans affectation, comme si j'eusse pressenti que ce misérable ne devait pas tarder par son audace, a me précipiter dans un abyme de maux.

« Par un effet contraire à ma conduite, Valvano, en peu de temps, parut plus empressé auprès de moi ; vainement je cherchais à le fuir, il trouvait toujours le moyen de se rapprocher de ma personne ; alors il faisait parler ses regards, ses soupirs, et j'eusse dû être aveugle, si je ne me fusse pas aperçue du sentiment qui éclatait dans ses yeux.

« D'après ce que je vous ai dit, vous devez croire combien peu je dus être flattée de voir mon triomphe augmenté d'un pareil courtisan. Je ne voulus pas qu'il pût conserver une lueur d'espérance ; je redoublai de sévérité à son égard ; je le fuyais sans cesse lorsque lui me recherchait toujours.

« Malgré mon désir ardent de l'éviter, je ne pouvais constamment le faire avec avantage ; parfois il s'arrangeait de manière à me contraindre à rester avec lui. Un jour se voyant dans les jardins du palais, à quelque distance de ma suite, il poussa à bout sa présomption; et me fit l'aveu de sa flamme insolente. Oh! pour cette fois, je ne gardai pas le silence ; ma colère l'emporta, et ce fut elle seule qui s'exprima dans ma réponse. Je parlai au baron Valvano avec tant de dureté, je lui dis des choses si fortes sur son audace, que, malgré son effronterie, il en parut décontenancé. »

« C'en est assez madame, répliqua-t-
» il avec un bégaiement occasioné par
» la rage, je vois trop que je me suis
» mépris en croyant pouvoir toucher
» quelque jour votre indifférence. Je me
» rends justice, un baron Sicilien ne peut
» prétendre à la nièce d'un monarque.
» Vous me l'avez trop bien appris, il ne
» me reste plus qu'à fuir les lieux où na-
» quit un amour qui me rendra malheu-
» reux durant le reste de ma vie. »

» Il dit, me lance un farouche regard, dont j'ai depuis connu toute la perfidie, et s'éloigne précipitamment. Cinq jours après, me trouvant chez mon oncle, Valvano vint à moi, et, en présence de toute la cour, me remercia de mes bontés, me parla de sa reconnaissance, et m'apprit que le lendemain il partait pour Jérusalem, ne pouvant, disait-il, retarder davantage l'accomplissement de son pieux voyage. Valvano, en causant avec moi, conserva toujours un calme imperturbable ; ni sa voix ni ses yeux n'exprimèrent jamais son émotion ; il mit tant d'adresse à se dissimuler, que déjà je le crus guéri, et j'en fus bien aise.

» Le roi l'aimait ; il le voyait partir avec inquiétude ; il fit tous ses efforts pour le retenir ; ce fut en vain. Valvano se montra inébranlable, et le lendemain en effet, nous apprîmes qu'il avait mis à la voile.

» Charmée de son absence, je respirai plus librement ; il me tardait de voir s'éloigner ce soupirant incommode, d'autant que je redoutais l'ascendant qu'il avait pris sur le roi, mon oncle, et je crois qu'il eût pu facilement m'obtenir de lui, si j'avais répondu à sa tendresse.

» Je logeais dans le palais, mais j'occupais un pavillon assez étendu, placé dans un coin des jardins, et donnant sur la mer; il me fallait traverser plusieurs galeries et passages voûtés sous les remparts, pour me retrouver dans les grands appartemens du roi. Cet éloignement me rendait plus libre; je ne paraissais à la cour que lorsqu'il me plaisait; et presque toujours solitaire dans ma demeure écartée, je me livrais sans contrainte à mon amour pour la retraite et les beaux arts.

» Quelquefois, accompagnée d'une seule femme, en laquelle j'avais placé à tort ma confiance, et cachée sous un voile épais qui me couvrait entièrement, j'allais parcourir les environs délicieux de Famagouste; j'entrais dans les cabanes des villageois; je portais des secours aux pauvres femmes; je cherchais à faire des heureux, et j'en avais le pouvoir. Ces innocentes occupations me charmaient davantage; mais durant le séjour du baron Valvano à Famagouste, je les avais interrompues; car plus d'une fois le seigneur avait essayé de venir me rejoindre dans mes promenades ordinaires.

» Dès son départ, je m'empressai de les reprendre. Ma confidente me parlait depuis deux jours d'une malheureuse famille qui souffrait tous les maux de l'infortune dans une chaumière placée à quelque distance de Famagouste; elle me suppliait de venir à son secours. Je ne me refusai pas de le faire; mais je lui dis que je voulais y aller moi-même la première fois que je sortirais.

» Le moment arrêté, je me dépouille de mes riches parures, je revêts le simple costume des femmes du peuple durant les jours du travail; et enveloppée de mon long voile, je pris le bras d'Elphyre, et nous nous acheminâmes vers le lieu qu'elle m'avait indiqué.

» Elle me fit prendre une route peu fréquentée, et qui suivait, le long de la mer, les sinuosités du rivage. Je ne fis pas d'abord attention à la longueur du chemin; mais la fatigue commençant à me gagner, je demandai à ma conductrice si nous approchions de la cabane de ces bonnes gens. « Encore un peu,
» me répliqua-t-elle, et nous allons y
» être; elle est derrière cette masse de
» rochers que vous voyez tout proche
» de nous. »

» Son propos me rendit du courage, et je recommençai à cheminer. Nous nous trouvâmes bientôt au pied d'une falaise escarpée, qui, nous environnant de tout côté, ne permettait pas qu'on pût nous voir à moins d'être à deux pas de nous. Famagouste avait disparu depuis long-temps; Elphyre et moi étions seules en ce lieu solitaire, nous avancions; tout-à-coup plusieurs hommes armés s'élancent de derrière les anfractuosités des rochers, ils courent sur nous, ils nous saisissent; vainement je fais retentir l'air de mes cris, vainement je cherche à me débattre, la force l'emporte, on m'entraîne vers une chaloupe voisine, et l'on me contraint à y entrer.

» Ma première pensée accusa de cette action hardie celui qui en était le véritable auteur; je ne me trompais pas; et sur le vaisseau où je fus conduite, je trouvai le criminel Valvano, qui, me parlant de sa passion détestable, essaya, par ses respects prétendus, à calmer mon désespoir. La chose lui fut impossible, je lui jurai une haine éternelle; je me renfermai dans la chambre qu'on me donna, et non seulement je ne voulus pas voir mon ravisseur, mais je défendis ma présence à la perfide suivante qui m'avait trahie.

» Ferdinand parut alarmé de mon désespoir; il employa cent moyens pour apaiser ma colère; tous lui furent infructueux, et nous arrivâmes en Sicile sans qu'il eût pu se flatter de me rendre moins indocile; ma haine pour lui éclatait dans toutes les occasions.

» Son premier soin, en débarquant sur une côte solitaire, fut de me conduire, non dans ses domaines, où le juste courroux du roi mon oncle eût pu l'atteindre, si je parvenais à lui faire connaître mon malheur, mais dans le chateau de Romerane, appartenant à un de ses amis que je ne puis vous nommer encore.

» Ce Seigneur nous reçut à merveille. Ferdinand eut avec lui une longue conversation, à la suite de laquelle on me fit habiter un appartement solitaire, et placé de telle manière, que je ne pouvais espérer du secours. Il se passa du temps, pendant lequel tout entière à ma douleur, je m'obstinai à ne pas vouloir que Valvano parût en ma présence; mes cris, mon désespoir, lorsqu'il se montrait, le contraignirent à remettre au temps le soin de me rendre moins farouche; et contraint d'ailleurs par quelques affaires imprévues de se rendre dans l'Italie, il me laissa sous la garde de son ami.

» Cet ami de Valvano paraît digne par son mérite, par ses brillantes qualités du rang qu'il occupe, et mes yeux ne s'en aperçurent que trop. Il venait à toute heure me rendre ses hommages, il cherchait d'abord à me parler en faveur de l'indigne Ferdinand ; mais je le suppliai si fort de changer de langage, qu'il ne tarda pas à m'obéir, et il le fit trop pour mon malheur.

» Si mes yeux le voyaient plus favorablement que Valvano; les siens aussi ne se refusèrent pas à m'apprendre la victoire remportée par mes faibles attraits, bientôt ce seigneur parut me chérir avec violence, et, oserai-je vous l'avouer, je ne me montrai pas aussi sévère que la vertu me l'ordonnait. Constamment occupé à me plaire, il en cherchait les moyens, il me jurait un dévouement sans borne.

« Pour vous faire croire, lui dis-je un
» jour qu'il était venu avec consterna-
» tion me donner la fâcheuse nouvelle
» du prochain retour de Valvano, vous
» n'avez à tenir qu'une seule conduite,
» celle qui puisse me séparer sans re-
» tour de votre odieux ami. »

« Hélas! princesse, me dit-il, mais
» en vous séparant de lui, je renonce au
» bonheur de ma vie ; car en retournant
» dans l'ile de Chypre, ne vous éloigne-
» riez-vous pas pour toujours de moi.? »

« J'avoue que cette réflexion me
frappa ; je voulus à mon tour le convaincre que tout m'était préférable,
hors de laisser quelque espérance à
Valvano ; je me levai, et avec fierté je
lui dis : « Il faut enfin vous avouer ma
» faiblesse ; oui, peut-être il m'en cou-
» terait mon bonheur, s'il fallait me
» séparer de vous ; mais ne pouvons-
» nous punir autrement un perfide,
» et l'offre de cette main vous paraît-
» elle à dédaigner. »

» A ces mots, transporté par l'excès de la joie, il se précipita à mes genoux, m'exprima sa tendresse avec une éloquence persuasive dont mon cœur fut charmé ; il me quitta peu après, hâta les préparatifs de notre union, mit tous ses soins à ce qu'elle fût consolidée par la réunion des cérémonies de l'Eglise et des coutumes du pays. Un notaire dressa le contrat qui me liait avec votre compatriote; et si je ne pris pas pour époux un prince, du moins je fus à celui que je préférais, et je punis un méchant dont j'avais tant à me plaindre.

« Ferdinand apprit par son frère, le prince Montaltière, ce qui s'était passé. sa rage, comme vous le pensez, dut être excessive. Il jura de prendre une vengeance éclatante de l'affront qu'il recevait, et pour mieux y parvenir, se lia avec les brigands de la forêt sombre et les Frères-noirs du couvent de Santo-Genaro. »

CHAPITRE XXXIV.

» Heureuse dans les bras de mon époux, je le pressai de partir pour la Cour de Chypre, où je voulais aller avec lui, me flattant de faire excuser mon hymen par mon oncle, surtout lorsqu'il aurait appris tout ce qui s'était passé. Mon époux se refusait à faire encore cette démarche, il me suppliait de la retarder; et comme je continuais mes instances, il entra un matin dans mon appartement, une lettre à la main.»

« Je reçois de Messine, me dit-il, la
» singulière nouvelle que votre oncle,
» instruit enfin du lieu de votre asile, en-
» voie un ambassadeur pour vous récla-
» mer. C'est toujours Ferdinand Volvano

» qu'il accuse ; il y a tout à craindre que
» celui-ci, pour se venger, ne cherche à
» me faire paraître seul coupable. Souf-
» frez, madame, que je coure me défen-
» dre et veiller par moi-même à nos
» communs intérêts. »

» Ma confiance en mon époux était entière, rien en lui ne m'avait appris à le soupçonner ; aussi je n'eus garde de m'opposer à son départ. Il me conjura de continuer à me cacher à tous les regards durant son absence, et je lui promis de redoubler de précautions ; je les jugeais véritablement plus importantes depuis la démarche du roi, mon oncle. Mon époux partit et je demeurai seule dans son château.

» Deux nuits après son départ, je fus réveillée par un mouvement qui se fit auprès de mon lit. En ouvrant les yeux, j'aperçus deux femmes étrangères, et plusieurs hommes armés qui portaient des flambeaux. Ma terreur fut inexprimable; elle me plongea dans un profond évanouissement, dont mes ennemis profitèrent. On me revêtit à la hâte des premiers vêtemens qu'on trouva, et puis avec rapidité on m'entraîna loin de ma demeure.

» Vainement, après être revenue à moi, je remplissais l'air de mes cris; on me conduisit dans un navire placé près de la côte, et une seconde fois je parcourus les mers. Je crus avec juste raison devoir accuser encore Valvano de ce nouvel enlèvement; j'y reconnaissais sa main hardie, et j'avais tout à craindre de sa fureur. Mais, hélas! je me trompais; ce n'était point Ferdinand par qui j'étais poursuivie; mon malheur venait de mon époux, ainsi que plus tard j'en eus la preuve convaincante.

» Dans le moment, mes accens imploraient son secours; je redoutais pour sa vie, craignant que la lettre qu'il m'avait dit avoir reçue de Messine, ne fût un autre piége tendu à sa crédulité. Je demandais au ciel une prompte délivrance, mais le ciel se refusait à m'exaucer.

» Mes ravisseurs, que je questionnai, demeurèrent dans un profond silence; ils ne me laissèrent connaître ni le nom de celui qui les faisait agir, ni le lieu où l'on allait me conduire. Enfin, nous arrivâmes sur la côte occidentale de la Sicile; nous n'abordâmes le rivage qu'au milieu de la nuit, et ce fut au pied d'un fort château que nous descendîmes.

» Que m'eût servi de me refuser à suivre mes odieux conducteurs, ils eussent pour m'y contraindre abusé de ma faiblesse; je me résignai donc à mon sort et je marchai sur leurs pas. Ils me firent descendre dans les fossés du château, pénétrèrent dans son intérieur par une porte secrète, et je fus enfin menée dans une chambre souterraine où l'on m'annonça que je ferais quelque séjour.

» Enfermée dans ce souterrain, où chaque nuit un homme venait m'apporter la nourriture, je m'attendais sans cesse à voir paraître le méchant Valvano; je frémissais à l'idée d'une entrevue avec ce monstre, mais elle n'avait pas lieu, Valvano ne se montrait point, et le temps s'écoulait avec une inconcevable lenteur.

» Combien plus encore, dans cette vaste demeure, ma douleur n'augmentait-elle pas, lorsque j'acquis la preuve que je portais dans mon sein le fruit de mon mariage. Cette découverte m'accablait, lorsque ce matin, à une heure inaccoutumée, mon geolier s'est présenté : il apportait avec lui une grande quantité de papiers, qu'il commença à me remettre en me priant de les examiner. Je le fis rapidement. Ma surprise ne fut pas médiocre, en les reconnaissant pour les titres de ma naissance. J'ignorais comment on avait pu se les procurer; mais d'autres titres étaient joints encore à ceux que je regardais, c'étaient ceux nécessaires à constater l'existence de mon mariage; enfin on avait mis également dans le paquet les bijoux que je viens de vous montrer, reste de la splendeur de ma famille.

» Mon geolier me remit ensuite une lettre: elle était de Valvano, et avec une affreuse joie, il y détaillait la conduite de mon époux; il m'apprenait que ce dernier m'avait indignement trahie, que je n'avais été enlevée que par ses soins. « Où croyez-vous être? me disait Fer-
» dinand? en mon pouvoir, sans doute?
» Eh bien! sortez de cette erreur; pri-
» sonnière de votre époux, c'est dans
» l'un de ses châteaux qu'il vous a en-
» fermée, et dans ce même lieu, il allait
» s'unir à une autre femme, au mépris
» des nœuds qui l'attachaient à vous.
» Mais je suis parvenu à rompre cet hy-
» men, et maintenant je dois, pour me
» venger de vous et de lui, vous con-
» traindre à venir achever mon ouvra-
» ge. Votre époux vient de partir;
» sortez de votre cachot, et allez de-

» vant votre rivale réclamer vos justes
» droits. »

» Ces fatales paroles me parurent d'abord être la conséquence d'un mensonge infâme; non, je ne pouvais attribuer tant de déloyauté à mon époux ; mais le geolier me confirma sa perfidie; il me jura, à genoux devant moi, que jamais il n'eût consenti à me retenir prisonnière, s'il avait su mon rang et quels titres j'avais à son respect; il me donna la certitude de me convaincre de la vérité de tout ce qu'on venait de m'annoncer. Hélas! alors je succombai à une douleur profonde, je demandai la mort à grands cris, il me fut impossible de quitter mon cachot. Ce soir seulement, j'ai retrouvé un peu de courage, et la princesse de Chypre, détenue dans Altanéro, vient conjurer la duchesse Ambrosia de ne plus se laisser surprendre par le perfide marquis Francavilla, engagé par un hymen dont je présente ici la preuve. »

Ainsi la dame étrangère termina son récit et donna en même temps au duc son contrat et son acte de mariage.

Depuis qu'elle avait prononcé les paroles qui amenèrent en scène un ami de Valvano, la pauvre Ambrosia avait eu un pressentiment secret de son malheur; un trouble sans exemple déchirait son âme; il la préparait à ce qui devait achever de l'accabler; aussi aux derniers mots de la princesse de Chypre, elle se contenta de couvrir son visage de ses mains et de pleurer en silence, se trouvant incapable de répondre, et déplorant l'injustice de sa destinée.

Plus accoutumé qu'elle à se contenir, le duc son père commanda à sa vive impatience; le tableau de l'indigne conduite de Lorédan, alluma dans son cœur un courroux sans pareil ; mais il se garda bien de le laisser paraître ; il prit froidement les papiers, que lui remettait la dame, feignit d'y jeter un coup d'œil: « reprenez ces titres, dit-il ensuite, et croyez, princesse, qu'ils ne sont pas nécessaires pour assurer ma conviction ; il me suffit de votre parole ; et désormais vous êtes certaine que ma fille ne cherchera pas à vous disputer un époux, malheureusement indigne de l'une et de l'autre ; demain nous quittons Altanéro, pour n'y rentrer de notre vie ; et il faut tout mon respect pour vos malheurs, si je ne me décide pas à demander raison au marquis Francavilla de son impudente scélératesse. Je vais, si vous le jugez convenable, faire appeler son oncle, le marquis Mazini, auquel il a confié la garde de son château, durant le voyage qu'il fait à ce moment ; ce signor, n'en doutez pas, sera flatté de reconnaître une aussi illustre nièce ; et vous pourrez dorénavant commander en ces lieux, ainsi que vous devez le faire. »

« — Non, signor, repliqua la princesse de Chypre, non, je ne veux pas commander dans les domaines de mon époux; un soin me reste à remplir, un devoir sacré me retient encore parmi le monde ; mais lorsque je pourrai disposer de moi, une retraite absolue sera mon partage et d'ici là, je ne chercherai pas a publier un hymen qui fait toute ma honte. Je vais retourner dans ma prison, je veux y attendre l'époux coupable dont j'ai tant à me plaindre ; cette obscurité me deviendra précieuse, puisque je pourrai y pleurer en liberté : et vous, signora, poursuivit la dame, en se tournant vers Ambrosia, permettez-moi de vous plaindre d'avoir donné votre cœur à un si indigne chevalier ; mais, hélas! je suis encore plus infortunée que vous ne pouvez l'être.

— »Ah! dit Ambrosia, emportée par sa douleur, vous ne pouvez du moins souffrir plus ; car il est impossible que vous aimiez davantage.

— »Ma fille! s'écria Ferrandino, ma fille! un tel aveu convient-il à votre modestie, à votre sexe? Quoi! vous conserveriez encore quelque tendresse pour le lâche qui ne rougissait pas de vous tromper aussi impudemment? Il en sera puni, la justice du ciel me l'assure; mais gardez-vous de penser désormais à lui, si ce n'est pour l'environner de toute la haine qu'il mérite. »

Ambrosia ne répliqua point, elle continua à verser des larmes ; et son père s'indigna contre la faiblesse de son cœur.

Cependant la princesse de Chypre, ou plutôt celle qui en jouait le rôle avec tant d'effronterie, se leva pour se retirer. Elle prit les papiers qui lui avaient servi à tromper le duc et Ambrosia; puis, saluant le père et la fille, elle se retira par le cabinet dont elle était sortie, reprenant le chemin de la porte des souterrains, qu'elle referma.

Vainement le duc lui avait demandé la faveur de la reconduire; elle s'y refusa obstinément. « Mon geolier m'attend, lui dit-elle; gagné par Valvano, il m'est aujourd'hui entièrement dévoué. »

Après son départ, Ferrandino chercha à consoler sa fille ; il ne put y parvenir. Ambrosia, malgré tout ce qu'elle venait d'entendre, voulait douter de la culpabilité de Lorédan, et son père s'irritait de la voir prendre la défense d'un tel homme. Toute la nuit se passa ainsi ; le lendemain, à la pointe du jour, le duc annonça à Mazini son intention formelle de quitter Altanéro dans la matinée. Cette résolution imprévue surprit le vieux marquis, surtout voyant que le duc s'obstinait à en taire la cause ; mais il ne put y mettre obstacle, Ferrandino, se montrant fermement déterminé à effectuer son dessein.

Vers les huit heures il fit avancer la litière de sa fille, et après avoir remercié Mazini de ses prévenances, sans lui parler en aucune manière de Lorédan, il donna le signal, auquel toute sa maison obéit en se mettant en route.

Tout devait en ce moment redoubler l'étonnement du marquis. A peine le duc Ferrandino se fut-il éloigné d'un lieu qu'il avait promis de ne pas quitter avant le retour de Francavilla, que le héraut du roi de Sicile se présenta devant Mazini, pour lui remettre des lettres-patentes de Frédéric Ier, ordonnant que la princesse de Chypre, cachée dans le château, lui fût remise, sous peine de haute-trahison. En même temps le héraut confia à Mazini qu'il avait également d'autres lettres pour obliger les barons de la contrée à se réunir à lui pour attaquer ensemble Altanéro, si la princesse de Chypre ne lui était pas livrée.

L'embarras du vieux marquis ne se trouva pas médiocre. Il savait que Palmina n'était plus dans Altanéro; qu'elle en était partie avec Grimani. D'un côté il ne voulait pas en donner connaissance, lorsque, de l'autre, il craignait de se compromettre en exposant aussi la sûreté de Lorédan.

Dans cette pénible conjecture, il crut que le meilleur parti à suivre était celui d'affecter une prompte obéissance; aussi, répliqua-t-il à l'envoyé du souverain. « Je crois avoir la certitude qu'on a surpris notre prince en lui intimant que cette princesse de Chypre se trouvait dans le château; mais, en l'absence de mon neveu, dont j'interprète les setimens, je ne craindrai pas, signor, de vous donner le droit de faire ici toutes les recherches qui vous paraîtront convenables. Je vais donner les ordres les plus précis pour que tous les appartemens vous soient ouverts, et je vous conduirai moi-même dans les lieux les plus retirés du château. »

Le héraut, qui craignait de se voir contraint d'employer des moyens peut-être hasardeux, fut charmé de l'obéissance du marquis; et, sans en dire le motif, il fit de toutes parts les plus sévères perquisitions; il descendit même dans les souterrains, les visitant avec une attention scrupuleuse; mais nulle part on ne trouva la princesse de Chypre. Le héraut, voyant l'inutilité des ses efforts, se décida enfin à quitter Altanéro, assurant Mazini qu'il rendrait un témoignage avantageux au roi de la prompte soumission que l'on avait mise à obtempérer à ses ordres.

Plus que jamais Mazini accusa les Frères-Noirs de ces nouveaux tracas; et, avec juste raison, il ne put bien augurer du voyage de Lorédan à Messine. Il lui écrivit en toute hâte pour lui communiquer ce qui s'était passé; mais la lettre ne fut point remise; on intercepta celles que Francavilla lui adressait, et la seule qui parvint à ce dernier, fut celle de duc Ferrandino.

Plus Lorédan paraissait garder le silence, plus Mazini était dans l'inquiétude. Elle fut enfin portée à son comble, lorsqu'un nouveau messager du roi étant venu le trouver, lui apprit en même temps la fuite de Francavilla, et que Frédéric ordonnait le séquestre de ses propriétés. Mazini demeura accablé en écoutant ces nouvelles sinistres. Il se vit avec effroi privé de ses deux neveux, et crut devoir, dans la circonstance, se rendre lui-même à Messine, pour implorer la clémence du roi, si Lorédan était coupable, ou plutôt pour éclairer sa justice; car, en tout ceci, il voyait agir les perpétuels ennemis du marquis.

Vers le même temps, et pour que rien ne manquât de ce qui devait le confondre, il reçut une lettre du père d'Ambrosia, qui lui faisait part de ses nouveaux projets au sujet de sa fille et de sa résolution arrêtée irrévocablement de rompre pour toujours avec Francavilla, qui, disait-il, n'était plus digne de prétendre à la main de la jeune duchesse.

Ces divers événemens, survenus coup-sur-coup, mettaient Mazini hors de lui-même. Plus de mille fois il souhaita que quelque irruption de l'Etna occasionât un tremblement de terre dont les suites fussent la destruction du monastère de Santo-Genaro. Il maudissait les Frères-Noirs, les envoyant d'ordinaire au diable, qui les secondait si bien.

Cependant il crut convenable de se mettre en route. Il prit ses mesures pour la conservation des droits de son neveu; et, ce soin rempli, il se fit accompagner d'une nombreuse escorte, tant il redoutait pour lui aussi les entreprises des habitans de la forêt sombre.

Arrivé sans mésaventure à Messine, il chercha, avant de se présenter au roi, les moyens de lui faire parler par les seigneurs qui l'approchaient le plus familièrement. Ceci ne put se faire sans qu'il ne s'écoulât un peu de temps; et enfin Mazini, certain d'être bien accueilli, se résolut à demander une audience au monarque. Fréderic l'écouta avec bonté, lui remit sur l'heure à lui-même le sequestre des biens de

Lorédan, mais ne lui donna aucun éclaircissement, et continua à garder le silence sur ce qui s'était passé, sur ce qu'on avait pu lui dire, ne donnant même pas à connaître son opinion sur les révélations que Mazini était venu lui faire.

CHAPITRE XXXV.

Le duc Ferrandino ayant emmené sa fille à Rosa-Marini, demeura peu de temps dans cette habitation; il était pressé de partir, non pour Palerme, où il habitait ordinairement, mais pour Messine, où la présence de la cour lui faisait espérer de trouver des distractions qui pussent faire oublier à la désolée Ambrosia un amour qui ne pouvait désormais exister sans crime.

Le duc était trop grand par lui-même pour ne pas avoir eu connaissance de l'histoire de l'enlévement de la princesse de Chypre; le bruit confus en était venu jusqu'à lui; il savait que Palmina devait se trouver en Sicile ; aussi parut-il médiocrement surpris lorsque celle qui avait usurpé ce nom, se montra devant lui.

Mais en même temps qu'il apprit la conduite déloyale du marquis Francavilla, il ne laissa pas d'en éprouver quelque joie. Le duc était ambitieux, il voulait pousser plus loin encore la splendeur de sa race; et lorsqu'il se fut engagé avec Lorédan, il vit à regret le prince Manfred, troisième fils du roi de Sicile se déclarer au nombre des amans de la jeune duchesse, lorsqu'il était trop tard pour le faire. Maintenant les choses avaient changé de face; Francavilla s'était rendu indigne de son bonheur, le duc avait rompu avec lui sans retour; Ambrosia pouvait se regarder comme libre, et par conséquent il était encore possible que le prince Manfred, ayant conservé ses premiers sentimens, se remît sur les rangs, et briguât de nouveau la main de la belle Ambrosia.

Ces profonds calculs d'une âme ambitieuse décidèrent le duc à se rendre à Messine, où Manfred se trouvait auprès de son père. On pouvait espérer qu'une jeune personne serait flattée de recevoir aux yeux de toute la cour les hommages de celui qui un jour devait peut-être régner sur la Sicile. Ce prince était jeune, aimable, beau cavalier; peut-être aimerait-il encore, et ses soins empressés feraient promptement disparaître du cœur d'Ambrosia le souvenir et et l'image du perfide marquis Francavilla.

Ces pensées étaient loin de s'accommoder avec celles qui tourmentaient Ambrosia; elle ne voyait en ce moment qu'une seule chose, savoir, qu'il faudrait oublier l'amant chéri par elle de toutes ses forces, celui avec qui elle s'était flattée de passer sa vie, le seul enfin qui lui parût digne d'être aimé. Moins crédule que son père, par la raison qu'elle n'avait nul motif secret pour vouloir rompre avec Lorédan, elle avait grand peine à le reconnaître entièrement pour coupable; elle eût voulu, du moins, disait-elle, le voir, lui parler, lui demander l'explication de sa conduite, et ne le condamner sans retour qu'après l'avoir entendu.

Elle portait ses plaintes à l'une de ses femmes, à celle, dont l'âge se rapprochant le plus du sien, qui avait eu l'art de mieux acquérir sa confiance. Violette pensait comme elle, et plusieurs fois elle lui promit de faire en sorte de rencontrer Lorédan, dût-elle aller le chercher plutôt dans son palais à Messine. Ambrosia ignorait encore que son amant ne fût plus dans cette ville.

Peu de momens après son arrivée, elle rappela à Violette sa promesse, et cette jeune fille sortit dans l'intention de roder autour de la demeure de Lorédan; mais les premières informations qu'elle demanda lui apprirent ce qui s'était passé; elle sut que le marquis Francavilla, arrêté par l'ordre du roi, après être demeuré plusieurs jours en prison dans son propre logement, avait jugé convenable de prendre la fuite, et que l'on ignorait le lieu de sa retraite actuelle. Vainement Violette, qui tenait à bien remplir ses instructions, fut-elle jusqu'à questionner les gens du marquis, tous lui tinrent le même langage, et il fallut qu'elle s'en revînt auprès de sa maîtresse lui apporter ces fâcheuses nouvelles.

Ambrosia chagrine d'un pareil événement, qui pouvait lui permettre de se livrer à de vastes conjectures, vit avec peine la résolution prise par son père de la conduire le jour suivant à la cour. Quelques paroles échappées au duc annoncèrent à Ambrosia ses intentions secrètes, et tout entière encore à son amour, elle se promit de ne rien faire qui pût donner de l'espoir à un rival de Lorédan.

La venue d'Ambrosia fut bientôt remarquée par les jeunes seigneurs siciliens; ils accoururent avec empressement autour d'elle, tous se félicitant sur son retour. Sans que le duc eût besoin de le dire, les courtisans devinèrent assez que le mariage de sa fille avec le marquis Francavilla ne pouvait plus avoir lieu; car eût-il pu se faire qu'on voulût donner une femme à celui qui avait mérité la disgrâce du roi? ce crime ne le rendait-il pas indigne de tout bonheur! Ainsi du moins pensaient ces êtres méprisables pour qui la faveur était tout, et qui ont si bien transmis à leurs successeurs leurs déplorables maximes.

Libres donc de prétendre encore à la main d'Ambrosia, les barons cherchaient par leur amabilité, leurs grâces ou leurs flatteries, à attirer sur eux en particulier l'attention de cette belle personne; mais elle ne les voyait pas et sa pensée restait constamment fidèle à celui que l'on croyait entièrement oublié d'elle.

Fatiguée cependant de ce concours d'adorateurs, elle assayait de s'en débarrasser en affectant un air de distraction qui ne lui était pas ordinaire, en cherchant à lier une conversation animée avec les filles de la reine; ses efforts étaient vains, la foule redoublait autour d'elle, et plus on se montrait empressé, plus on avait le don de lui déplaire.

Son courroux était sans borne, elle baissait les yeux, jouant la distraction, lorsqu'elle vit peu-à-peu diminuer le nombre de ses courtisans; et un silence profond tout-à-coup régna autour d'elle. Heureuse de l'avoir ainsi emporté, elle leva ses beaux yeux, et avec autant de dépit que de peine, elle trouva devant elle le prince Manfred, qui la contemplait, immobile et sans parler, à sa vue. Ambrosia rougit et baissa ses regards.

« Enfin, signora, vous daignez vous apercevoir que je suis près de vous et que je m'occupe à admirer les charmes auxquels la nature ajoute chaque jour. Eh! que venez-vous faire à la cour de Messine? quel besoin avez-vous de venir, par votre présence, rouvrir les blessures que vous nous avez faites? faudra-t-il de nouveau ne contempler tant d'attraits que pour les regretter plus vivement ensuite. »

Ce qui pouvait en ce moment faire le plus de chagrin à la jeune duchesse, c'était de voir recommencer les poursuites du prince Manfred. Celui-là devenait un concurrent redoutable, et le malheur qu'elle redoutait se présentait à elle dans le premier instant où elle reparaissait dans le monde. Plus Manfred était aimable, plus alors il lui déplaisait; aussi ne crut-elle pas devoir répondre autrement, à ses galantes questions, que par ces simples paroles:

« Sans la volonté expresse de mon père, je ne fusse point revenue dans ce palais. Ce ne sont plus ses agrémens que je pourrais regretter, j'ai perdu le goût des amusemens de mon âge. »

—« Certes, signora, répliqua Manfred, il doit se croire heureux, celui qui vous a appris à ne plus trouver de satisfaction que dans l'amour dont il vous a voué les tendresses ; mais comment se fait-il que cet amour si empressé disparaisse tout-à-coup et vous abandonne au moment de s'unir à vous pour jamais ? »

—« Prince, répondit Ambrosia, permettez-moi de ne pas répondre à une question pareille, c'est à mon père à le faire pour moi ; je dois en ce moment vous prier de m'entretenir d'autre chose, si vous voulez me faire l'honneur de prolonger votre conversation avec moi. »

—« Je sens, signora, reprit Manfred avec une teinte légère d'humeur, que je puis vous déplaire en vous parlant ainsi, mais il m'est impossible d'en agir autrement ; car enfin faut-il bien avoir l'assurance si votre main est libre; ou si vous êtes encore engagée. »

Ce discours, qui allait si directement au but, fâcha plus encore la jeune duchesse; aussi se dispensa-t-elle d'y répondre. Son silence fatigua Manfred; il s'éloigna brusquement d'elle en murmurant, et le duc Fernandino qui ne le perdait pas de vue, vint en toute hâte le remplacer auprès de sa fille.

« Eh! quoi! Ambrosia, lui dit-il, dois-je me plaindre de votre politesse? ne savez-vous pas traiter avec plus d'égards le fils de notre souverain; son rang ne vous inspirera-t-il pas en sa faveur la déférence qui lui est due. »

— « Oh! pour ce qui est de la déférence, répliqua vivement Ambrosia, je ne la lui refuserai jamais, me trouvant trop heureuse si le prince voulait s'en contenter; mais, mon père, ce n'est point ce sentiment qu'il me demande; et celui qu'il voudrait obtenir, je ne le lui accorderai jamais. »

Le duc avait trop d'usage du monde, le cœur humain lui était trop bien connu, pour qu'il cherchât en ce moment à contrarier sa fille. Il savait bien que, même malgré elle, elle se révolterait contre toute espèce de contrainte; il aima mieux se confier dans la puissance irrésistible du temps, et dans celle de l'absence du marquis Lorédan, qui, lié d'ailleurs par des nœuds indissolubles, ne pouvait plus devenir un objet redoutable pour le nouvel amant d'Ambrosia. En conséquence de ce principe, il se contenta de répondre :

« Eh bien! est-ce donc un grand mal qu'un si aimable prince vous parle des feux dont il a brûlé pour vous? il vous faudra renoncer à paraître en public, si vous vous irritez des hommages que viendra vous rendre la brillante jeunesse Sicilienne, surtout depuis qu'elle vous sait libre. Mais, ma fille, tranquillisez-vous; je ne chercherai jamais à vous rendre malheureuse. »

Ces paroles furent un baume consolateur pour l'âme de la jeune duchesse. Avec la confiance de son âge, elle crut que son père lui disait vrai, et elle l'en remercia par le plus aimable sourire. Cependant elle lui demanda de quitter le palais ; et Ferrandino, sans plus attendre, acquiesça à ses désirs. Le duc pouvait d'autant mieux le faire, que son but était rempli dès-lors que Monfred avait paru conserver encore sa première tendresse.

Le lendemain de cette soirée si pénible pour Ambrosia, elle se plut à raconter à sa chère Violette ce qui s'était passé à la cour. « Ah ! signora, lui répliqua la jeune fille, c'est pourtant un prince que vous refusez ! un prince.... ah ! ce doit être une belle chose que de se voir la bien-aimée d'un prince. »

Ambrosia sourit de l'étonnement de sa suivante et de la bonne foi avec laquelle elle convenait qu'un prince pourrait être toujours certain de commander à son cœur. Pour elle, sa pensée était bien différente; les grands de la terre ne lui paraissaient rien, son bonheur n'existait que pour Lorédan, et quand elle l'avait aimé, elle n'avait pas songé à sa naissance.

Dans la soirée, son père la fit prier de descendre au salon de compagnie, où déjà une nombreuse société s'était réunie; Ambrosia obéit, mais avec regret; elle était presque assurée d'y trouver Manfred, et elle ne se trompait pas; il était venu déjà depuis quelque temps, et se montrait impatient de ne pas voir arriver la dame de ses pensées; dès qu'il l'aperçut, il courut à elle.

« Eh bien, signora, lui dit-il; j'ai suivi votre conseil, j'ai demandé à votre père si vous étiez ou libre ou encore engagée; il m'a certifié que par des arrangemens particuliers, tout projet d'hymen entre vous et l'heureux marquis Francavilla était rompu; j'en ai rendu au ciel de véritables actions de grâces, et maintenant je puis me flatter de ne pas vous voir rejeter mes soins. »

— « Prince, lui répondit Ambrosia, mon père a sans doute le droit de disposer de ma personne, mais je me flatte qu'il ne le fera pas sans mon consentement, et surtout qu'il ne se pressera pas de m'ordonner une obéissance qui me serait si pénible en ce moment. »

— « J'ai tout lieu de croire, signora, repartit Manfred avec hauteur, que vous changerez de langage lorsque vous connaîtrez le parti que votre père doit vous proposer. On peut regretter un amant qui fut cher, mais lorsque sa scélératesse (car je suis informé de tout) commande de le voir avec horreur, il serait pénible de croire que la noble Ambrosia pût chérir celui dont elle fut trompée, puisqu'il était déjà l'époux d'une autre. »

Ces paroles plongèrent Ambrosia dans un véritable désespoir ; elle vit avec chagrin l'empressement de son père à lui faire contracter d'autres nœuds, tandis qu'elle était résolue à ne jamais oublier le mortel dont elle avait tant à se plaindre. Son silence déplut à Manfred ; mais dirigé par son orgueil, il se flatta de ne pas tarder à remporter une pleine victoire ; et après une courte conversation, il se retira pour aller informer le roi, son père de son amour et de ses projets.

Fréderic, depuis long-temps, avait formé d'autres desseins pour le mariage de son troisième fils ; voyant rompre la négociation qu'il avait fait entamer par Valvano avec la cour de Chypre, il s'était tourné vers une des cours d'Allemagne, et déjà les premiers arrangegemens avaient eu lieu. Il reçut donc avec froideur l'ouverture que vint lui faire son fils, lui fit part des démarches qu'il venait de tenter, et le conjura d'attendre avant de se déclarer.

D'ailleurs, le roi ne disait pas toutes ses pensées ; il voyait beaucoup d'obscurité dans tout ce qu'on lui racontait contre Lorédan; la fuite seule de ce dernier pouvait le faire présumer coupable : mais Fréderic, en grand monarque, s'occupait en secret du soin de parvenir à connaître toute la vérité. Cependant il chérissait son fils et ne put long-temps résister à ses instances; il consentit enfin à accéder à ses désirs, et lui permit de poursuivre ses projets, s'engageant même à en parler au duc Ferrandino.

Ce dernier seigneur ne voulut pas remettre au jour suivant à faire part à sa fille de la demande formelle que le prince Manfred venait de lui faire de sa main; en conséquence, après l'heure où la société rassemblée chez lui se fut retirée, il engagea Ambrosia à lui accorder un moment d'entretien, et avec quelque émotion il lui révéla cette mauvaise nouvelle.

Ambrosia, désespérée, ne songea pas à dissimuler son chagrin; elle le laissa éclater dans toute son étendue, et demanda à son père s'il était si pressé de se défaire d'elle, et si sa présence dans son palais pouvait lui causer du déplaisir.

« Vous vous méprenez étrangement, lui répondit le duc, si à de tels motifs vous attribuez ma conduite. Assurément on ne voudra pas croire dans le monde que j'aie hâte de me séparer de ma fille, lorsque je lui fais obtenir un rang bien supérieur à celui qu'elle pouvait naturellement prétendre ; et le titre de bru du roi ne sera jamais à dédaigner. Eh quoi! mon Ambrosia, pouvez-vous conserver encore quelque tendresse pour celui dont vous avez tant à vous plaindre ; oubliez-vous que votre amour pour lui est aujourd'hui criminel ? n'est-ce pas l'époux d'une autre que vous chérissez ? vous flattez-vous de le faire séparer de la princesse de Chypre, et moi-même, devez-vous croire que je pourrais consentir à lui pardonner tous ses torts ? Rentrez en vous-même, Ambrosia ; reprenez la fierté si bien convenable à votre sexe, à votre naissance, et songez à la splendeur de l'hymen auquel vous êtes appelée. »

— « J'y songerais, signor, repartit Ambrosia, si mon cœur était libre, si Lorédan n'y régnait pas encore. Sans doute, je devrais avoir honte de mon amour, si j'avais la preuve sans réplique que le marquis Francavilla ne le mérite plus ; mais en possédons-nous la parfaite assurance ? »

— « Quoi, dit le duc en l'interrompant, vous est-il permis de douter, après avoir entendu vous-même, de la propre bouche de la princesse de Chypre, sortir les paroles accusatrices de votre amant?»

— « Et qui nous a dit, repartit Ambrosia, que cette princesse ne nous ait pas trompés ? savons-nous si elle n'avait pas un motif particulier pour essayer de nous surprendre ? enfin elle-même est-elle ce qu'elle paraît ? N'avez-vous pas appris avec quelle rage les ennemis secrets de Lorédan le poursuivent; n'ont-ils point pu susciter cette femme pour le perdre auprès de nous? Devrai-je consentir sans avoir entendu Lorédan ou se justifier ou avouer sa perfidie, à faire le malheur de ma vie, en prenant pour époux un prince que je ne pourrai jamais aimer? Le rang où il me placerait est brillant sans doute; mais la duchesse de Ferrandino, l'héritière de notre noble maison, ne peut pas être éblouie.

Ce discours ne laissa pas que de faire impression sur le duc; il sentit combien sa fille faisait une objection raisonnable; n'avait-il pas condamné Francavilla un peu légérement; mais d'un autre côté l'ambition lui criait d'une voix étourdissante : innocent ou coupable qu'importe, un simple seigneur doit le céder au fils d'un roi; et le duc ne voulait écouter que ce langage.

Aussi, loin de paraître consentir aux demandes d'Ambrosia, il lui ordonna de se préparer à recevoir Manfred avec plus de déférence, à le regarder en un mot, comme son époux.

La jeune duchesse, en écoutant une résolution si sévère, se répandit en douloureuses exclamations; elle versa d'abondantes larmes et se retira dans sa chambre, où elle ne trouva plus le repos. Elle aimait et elle était Sicilienne : dans cet heureux climat, les passions, plus exaltées que partout ailleurs, sont susceptibles de porter au plus haut délire les volontés du cœur humain; l'amour ne connaît ni borne ni frein, et malheur quand il se combine avec la jalousie ou la vengeance; alors il s'abandonne à de violentes extrémités.

Violette vit avec peine la douleur de sa maîtresse, quoiqu'il lui parût extraordinaire qu'on se mît en cet état par la raison seule qu'on ne voulait pas épouser un prince; mais elle chérissait Ambrosia, et dès-lors elle partageait son inquiétude.

La nouvelle se répandit promptement

de la demande que le prince Manfred avait faite de la main d'Ambrosia ; ceux qui eussent prétendu à ce bonheur, se retirèrent une seconde fois, et les jeunes beautés de la cour de Messine en éprouvèrent un vif déplaisir. Manfred, feignant de ne pas s'apercevoir de l'éloignement qu'Ambrosia lui montrait, ne quittait plus le château de Ferrandino ; certain du consentement du roi, son père, assuré de celui du duc, il se fiait en son mérite pour changer le cœur de la jeune beauté, tandis que celle-ci, plongée dans une morne mélancolie, regardait avec effroi l'approche d'un moment que ses rivales eussent envisagé avec transport.

Un jour, à l'heure où l'on a la coutume de faire la sieste en Sicile, Violette entra chez sa maîtresse, et celle-ci, en la voyant, devina, à son air préoccupé, qu'elle avait à lui dire quelque chose de particulier. Ambrosia se trouvait seule en ce moment, aussi n'eût-elle rien de plus pressé que d'interroger Violette.

— « Ah! répliqua-t-elle, j'ai à vous dire une étrange chose; je désirerais que vous ne m'en voulussiez pas, car je ne me suis déterminée à vous en parler que dans l'idée de vous être agréable. »

— « Sois sans crainte, mon enfant, lui dit la duchesse, je t'assure que je ne t'en voudrai point, quoi que ce soit que tu puisse avoir à me dire. »

— « Vous vous rappelez sans doute le prince Luiggi Montaltière ? »

— « Ce digne ami de Francavilla, lui qui a sitôt abandonné le monde, dont-il était un si bel ornement; aurait-il reparu ? te serais-tu entretenue avec lui ? »

— « C'est lui, signora, qui, déguisé de manière à ne pas être reconnu, est venu me joindre comme je faisais ma prière dans l'église des révérends pères capucins, et qui m'a demandé la faveur de me dire deux mots en particulier. J'avais bien refusé cette prière, ignorant par qui elle m'était adressée, mais j'étais curieuse de savoir ce qu'on me voulait, et plus

encore d'éclaircir ce que pouvait avoir de mystérieux cette proposition inattendue. J'ai donc consenti; nous avons passé dans le cloître du monastère; et là, ce noble signor m'ayant appris son nom et s'étant fait connaître, m'a conjuré de lui faciliter le moyen de vous parler en secret : il a, m'a-t-il dit, à vous apprendre d'étranges choses, auxquelles votre bonheur et celui du marquis Lorédan sont mêlés. Tout en ayant pour lui la considération méritée par son titre, je lui ai fait entrevoir combien il lui serait difficile de parvenir jusqu'à vous ; rarement sortiez-vous du palais sur-tout depuis que votre mariage était décidé avec le fils du roi. En m'écoutant, je voyais son inquiétude augmenter; mes dernières paroles ont paru l'abattre. « Si elle n'aime
» plus Lorédan, m'a-t-il dit, je n'ai plus
» rien à lui dire; mais si le plus pur
» amour n'est pas éteint dans son cœur,
» elle me saura gré de ce que j'ai à lui
» dire. Quant aux difficultés qui pour-

» raient m'empêcher de la voir, elles ne
» doivent pas inquiéter l'aimable Violet-
» te, (car c'est ainsi qu'il m'a nommée).
» Je ne lui donnerai pas l'ambarras de
» les lever, je m'en chargerai moi-même;
» tout ce que je lui demande, c'est de
» décider l'illustre Ambrosia à me rece-
» voir à l'heure qui lui sera la plus agréa-
» ble, et je vous conjure de l'en prier en
» mon nom. »

Après m'avoir ainsi parlé, il a sorti de son doigt une bague magnifique, et je ne me suis aperçue qu'il l'eût mise à ma main, qu'après sa retraite. Voilà, signora, ses propres paroles; je dois ajouter encore qu'il viendra au soleil couché, attendre au même lieu votre réponse. »

Ambrosia aimait trop Lorédan pour se refuser à entendre ce que pouvait dire en sa faveur le meilleur de ses amis; elle se rappelait aussi que la princesse de Chypre avait dit, en racontant son histoire, que Francavilla avait chargé Montaltière d'apprendre à Ferdinand Valvano son hymen avec elle. Ambrosia brûlait de voir confirmer cette particularité par la propre bouche de Luiggi, et sans balancer elle chargea sa confidente de retourner lui dire qu'elle l'attendrait durant toute la soirée, s'il voulait venir au palais, soit à visage découvert, en se faisant annoncer, soit à la faveur d'un déguisement, si la chose lui paraissait plus avantageuse, et s'il avait des intelligences parmi les gens de la maison.

Violette, en digne suivante, fut intérieurement transportée de se trouver mêlée dans une intrigue de cette importance; le riche présent du prince Montaltière l'avait mise dans ses secrets; aussi n'eût-elle garde de ne point courir au cloître du monastère des capucins de Messine, dès que la chûte du jour lui eût indiqué le moment convenu.

Luiggi l'avait devancé, il se promenait en l'attendant; et charmé de la réponse favorable qu'on venait lui faire, il donna à la messagère une bourse pleine d'or, la priant de dire à la jeune duchesse que dans une heure il serait dans son oratoire, pourvu qu'on laissât ouverte une porte qui donnait dans une galerie voisine, à laquelle venait aboutir un escalier dérobé.

Ambrosia parut satisfaite d'un rendez-vous aussi propre à dissiper ses inquiétudes; elle laissa partir son père pour le palais du roi, où par hasard ce jour-là elle avait à l'avance exprimé le désir de ne pas l'y accompagner; et se voyant seule, elle pria le ciel de rendre complète la justification de Lorédan; car elle pensait que c'était pour la lui faire entendre que le prince Luiggi avait sollicité cet entretien.

Luiggi ne manqua pas à se montrer lorsqu'il crut pouvoir le faire sans rencontrer le duc Ferrandino. Ambrosia le vit arriver par l'issue qu'il avait lui-même indiquée; et dès qu'il l'aperçut il se mit à genoux devant elle.

—« Grâces immortelles soient rendues, s'écria-t-il; je puis enfin, noble duchesse, remplir un devoir bien précieux à mon cœur, celui de justifier auprès de vous un ami victime de la plus atroce noirceur; je puis vous éclaircir toute sa conduite, et vous donner la preuve la plus convaincante qu'il n'a jamais cessé de vous aimer. »

— « Eh! comment, prince, vous y prendrez-vous, repartit Ambrosia, toute émue, en cherchant à contenir sa joie, surtout lorsque vous saurez que je suis instruite de son mariage avec la princesse de Chypre, enlevée d'abord par le baron Ferdinand Valvano, votre frère, et qui ensuite lui préféra le marquis Lorédan. »

—« A mon tour, signora, dit Luiggi, je pourrai m'étonner de la foi aveuglément par vous accordée à cette odieuse imposture; vous avez donné dans un piége habilement tendu, et jamais Lorédan ne fut l'époux de la femme dont vous venez de me parler; que dis-je, celle qui vous vit dans Altanéro n'était point la princesse Palmina, c'était une de ces misérables créatures vivant du produit de leurs charmes, et qu'on avait dressée afin de vous tromper. L'acte de mariage qu'elle produisait était faux, le reste de ses titres étaient véritables, on les avait soustraits à la princesse Palmina, les voici encore; mais voici mieux, ce contrat est celui de la princesse de Chypre avec Ferdinand Valvano, mon frère, signé par le roi Lusignan et par les deux seigneurs les mieux qualifiés de sa cour. Vous sera-t-il possible maintenant de vous refuser à vous rendre à l'évidence; et si, par une fatalité particulière, vous persistiez dans le doute, lui achèvera de vous satisfaire. Paraissez, Sabiona, dit le prince, en s'avançant vers le corridor, et venez vous-même apprendre à la duchesse la trame ourdie avec tant d'art contre son bonheur. »

A ces mots une femme se présente; elle jete la mante qui la couvrait, et se montre aux yeux d'Ambrosia vêtue du même costume avec lequel, dans Altanéro, elle avait joué le rôle de la princesse de Chypre.

— « Pardon, illustre signora, dit-elle en se prosternant devant Ambrosia, je vous ai trompée pour exécuter les ordres du baron Valvano, ou plutôt d'un de ses agens; ils me firent prendre le nom d'une princesse, ils m'enseignèrent ce que je devais vous dire, ainsi qu'à votre père; aujourd'hui conduite par mes remords et par les exhortations de ce digne chevalier, je viens vous avouer l'indignité de ma conduite. »

« Ah! que vous m'avez fait de mal, dit
» Ambroisia, en faisant signe tout à
» la fois d'éloigner cette femme dont la
» présence lui était odieuse; puis se
» tournant vers Luiggi.

« Cher ami de Lorédan, combien je vous
» suis redevable. Ah! ne vous refusez pas

» à pousser plus loin votre généreuse dé-
» marche, il faut détromper mon père,
» lui faire connaître la vérité et l'inno-
» cence du marquis Francavilla. »

— « Nous aurons de la peine, dit le prince, non à établir à ses yeux l'injustice de ses soupçons contre mon ami, mais à le ramener à son premier projet de vous unir avec Lorédan; je connais l'hymen glorieux auquel il veut vous faire prétendre; vous flattez-vous qu'il le rompe maintenant, qu'il est près de se conclure ?»

— « Je dois au moins essayer de l'y décider, d'ailleurs il faut que Lorédan vienne réclamer ses droits. »

— « Vous ignorez, à ce que je vois, dit Luiggi, que cet ami, craignant pour sa vie, près de lui être enlevée par la malice de ses ennemis, ne peut en sûreté reparaître dans Messine; n'aurait-il pas maintenant à redouter un adversaire autrement puissant en la personne du prince Manfred? Non, signora, moi, qui ai juré de veiller sur lui, je ne l'exposerai pas à courir ce danger inévitable; je ne puis moi-même me rendre l'accusateur de celui auquel m'attachent les nœuds sacrés du sang; mais vous seule pouvez achever cet ouvrage; conservez les preuves matérielles que je mets en vos mains, montrez-les à votre père, elles le feront rougir de son erreur. »

— « Mais, dit Ambrosia, si mon père persistait, malgré ce que je pourrais lui dire, à vouloir conclure mon hymen avec le fils du roi?»

— « Alors, répliqua Luiggi, je ferais un appel à votre cœur, je lui demanderais si par une aveugle obéissance il pourrait consentir à se rendre malheureux, à plonger mon ami dans un abyme d'infortunes; et s'il me répondait que ce sacrifice était au-dessus de ses forces je l'engagerais à se confier à ma loyauté, et à venir sous ma garde rejoindre Francavilla au lieu de sa retraite, pour y contracter une union qu'il ne fût plus au pouvoir des hommes de rompre. »

— « Prince Luiggi ! s'écria la jeune duchesse, interdite d'une proposition pareille. »

— « Signora, je ne m'en dédis point, je vous le répète encore, ou vous aimez Lorédan ou vous ne l'aimez pas : dans cette dernière hypothèse vous pourrez renoncer à lui sans peine; dans la première rien ne vous coûtera pour lui prouver votre amour. Adieu, je me retire; tous les jours, de deux heures à quatre, un homme vêtu de bleu, avec un manteau blanc, se promènera dans le cloître de l'église voisine; il connait votre suivante, et sera là pour exécuter les ordres qu'elle lui transmettra de votre part. Mes moyens pour vous soustraire à une injuste puissance sont prêts, consentez-y, vous serez libre, et trois jours ne s'écouleront pas en entier sans que Lorédan ne puisse de vive voix vous exprimer une tendrese qui n'a pas faibli dans son cœur. »

A ces mots, le prince s'échappant, ne laissa pas à la duchesse la facilité de lui répondre. Ce fut avec une impatience sans égale qu'Ambrosia attendit le retour de son père; et sans vouloir remettre au lendemain, elle passa dans son appartement, et lui montra les actes qu'un inconnu lui avait fait remettre; en même temps elle indiqua au duc la demeure de cette femme qui avait osé représenter la princesse de Chypre.

Un simple coup-d'œil de Ferrandino jeté sur les papiers, lui prouva combien on l'avait trompé; leur véracité ne pouvait être mise en doute; mais dans la circonstance présente, il n'eut garde d'en convenir; bien au contraire, il les taxa de fausseté; prétendit que c'était une pitoyable ruse essayée par Lorédan pour rompre le mariage illustre qui se préparait.

Enfin, poussé à bout par les raisonnemens de sa fille, il éclata, lui déclarant que dans le cas même où Lorédan se justifierait, cet hymen ne pouvait plus avoir lieu, dès que le prince Manfred avait paru vouloir se mettre à sa place.

Les larmes d'Ambrosia ne l'attendrirent point, il lui ordonna au contraire de se préparer à fiancer huit jours après, et se retira.

Dès le lendemain, cet homme ambitieux pressa les préparatifs de l'union fatale; Manfred le secondait vivement, et Ambrosia désespérée, n'osait cependant prendre aucun parti définitif. Enfin arriva la veille de la cérémonie, ses nouvelles instances trouvèrent le duc inflexible; Manfred, imploré par elle, se montra aussi sans pitié.

« Eh bien! s'écria cette jeune et ardente tête, puisqu'on m'y force, je tenterai les derniers moyens de m'arracher à une situation qui me serait insupportable. » Elle dit; elle implore l'amour, et donne en frémissant, à Violette, l'ordre d'aller implorer l'appui du prince, ami de Lorédan. La suivante ne tarda pas à reparaître; elle avait trouvé l'homme bleu. « A minuit », lui avait-il dit; et dès ce moment, Ambrosia ne songea plus qu'à fuir son père. Elle reçut le soir ses caresses avec une vive émotion, mais en le quittant elle se dit d'une voix émue: *Pour toi! Francavilla, pour toi!*

FIN DU TROISIÈME VOLUME.

CATALOGUE

Des Romans publiés par l'Auteur du Monastère des Frères Noirs, qui se trouvent chez le même Libraire.

Clémence Isaure, 5 vol. in-12.............publié en 1808.
Gabriel, ou le Fanatisme, 4 vol. in-12...   —   1809.
L'Ermite de la Tombe..................   —   1814.
Tête de Mort, ou la Croix du Cimetière
   de Saint-Adrien, 4 vol. in-12........   —   1816.
Les Chevaliers du Temple, ou les Mystères
   de la Tour de Saint-Jean, 4 vol. in-12..   —   1819.
Maître Étienne, ou les Fermiers et les
   Châtelains, 4 vol. in-12..............   —   1819.
Jean de Procida, 4 vol. in-12..........   —   1820.
La Vampire, ou la Vierge de Hongrie,
   4 vol. in-12........................   —   1824.

www.ingramcontent.com/pod-product-compliance
Lightning Source LLC
Chambersburg PA
CBHW062231180426
43200CB00035B/1643